EN RIKTIG PERUAN STREET FOOD ODYSSEY

Utforska de autentiska smakerna av peruansk Street Food

LARS LINDGREN

Upphovsrättsmaterial ©2023

Alla rättigheter förbehållna

Ingen del av denna bok får användas eller överföras i någon form eller på något sätt utan korrekt skriftligt medgivande från utgivaren och upphovsrättsinnehavaren, förutom korta citat som används i en recension. Den här boken bör inte betraktas som en ersättning för medicinsk, juridisk eller annan professionell rådgivning.

INNEHÅLLSFÖRTECKNING

INNEHÅLLSFÖRTECKNING 3
INTRODUKTION 6
FRUKOST 7
   1. Picarones/peruanska munkar 8
   2. Tacu Tacu/mosade bönor och rispannkaka 10
   3. Peruansk Quinoagröt / Quinua Atamalada 13
   4. Tortilla de Espinaca / Spenat Omelett 15
   5. Champorado / Chokladrisgröt 17
   6. Sangrecita 19
   7. Peruanska trippelsmörgåsar 21
   8. Röda chilaquiles med stekt ägg 23
   9. Tomat och stekt ägg frukost på rostat bröd 26
aptitretare och snacks 28
   10. Pan con Chicharrón / Fläsksmörgås 29
   11. Tamales Peruanos /peruanska Tamales 31
   12. Patacones/friterade groblad 33
   13. Vit fisk Ceviche 35
   14. Tiradito/ Kryddig marinerad Ceviche 37
   15. Ceviche de Conchas Negras/Black Clam Ceviche 39
   16. Papa Rellena/fylld potatis 41
   17. Tequeños/oststavar med dipsås 44
   18. Yuca Fries 46
   19. Peruansk Ceviche 48
   20. Potatis i Papa a la Huancaína/Huancayo-stil 50
   21. Palta Rellena / Fylld avokado 52
PASTA 54
   22. Carapulcra con Sopa Seca 55
   23. Tofu Lomo Saltado sallad 57
   24. Grön spagetti 59
   25. Grön sås med linguine 61
   26. Tallarines Rojos (röd nudelsås) 63
   27. Tallarines Verdes con Pollo (gröna nudlar med kyckling) 65
GRÖNTSAKSRÄTT OCH SALLAD 67
   28. Causa Limeña/Lima-stil potatisgryta 68
   29. Rocoto Relleno/Fyld Rocoto Peppers 70
   30. Carapulcra/torkad potatisgryta 73
   31. Solterito/peruansk sallad 75
   32. Spicy Potato Terrine (Causa Rellena) 77

33. Ensalada de Pallares (peruansk Lima bönsallad) ... 79
34. Aji de Gallina sallad ... 81
35. Ensalada de Quinua (Quinoasallad) ... 83
36. Limabönor i koriandersås ... 85
37. Solterito de Quinua (Quinoa Solterito sallad) ... 87

NÖT, LAMM OCH FLÄSK ... **89**

38. Pachamanca / Andinskött och grönsaker ... 90
39. Carne a la Tacneña/Tacna-stil nötkött ... 92
40. Seco de Cordero/Lammgryta ... 94
41. Lomo Saltado / Wokad nötkött ... 96
42. Tacacho con Cecina/stekt banan och torkat kött ... 98
43. Adobo/marinerad fläskgryta ... 100
44. Causa de Pollo (peruansk kyckling- och potatisgryta) ... 102
45. Cordero a la Nortena (lamm i nordlig stil) ... 104
46. Anticuchos / Grillat nötköttshjärta Grillspett ... 106

FJÄDERFÄN ... **108**

47. Estofado de Pollo/Kycklinggryta ... 109
48. Arroz med Pato/Ankoris ... 112
49. Pollo a la Brasa/Rotisserie Chicken ... 115
50. Aji de Gallina /Kyckling i Aji-pepparsås ... 117
51. Causa de Pollo/Chicken Causa ... 120
52. Arroz Chaufa/peruanskt stekt ris ... 123
53. Arroz con Pollo (peruansk kyckling och ris) ... 126
54. Pappa a la Huancaína con Pollo ... 128
55. Aguadito de Pollo (peruansk kyckling- och rissoppa) ... 130
56. Kyckling och potatis Pachamanca ... 132
57. Aji de Pollo (kyckling i kryddig Aji-sås) ... 134
58. Quinotto con Pollo (Kyckling och Quinoa Risotto) ... 136

MARSVIN ... **138**

59. Picante de Cuy/Marsvinsgryta ... 139
60. Cuy Chactado (stekt marsvin) ... 142
61. Pachamanca de Cuy (underjordisk ugnsbakad marsvin) ... 144
62. Cuy al Horno (stekt marsvin) ... 146
63. Cuy con Papa a la Huancaina ... 148
64. Cuy Saltado (wokt marsvin) ... 150
65. Cuy en Salsa de Mani (Marsvin i jordnötssås) ... 152

FISK OCH SKALDJUR ... **154**

66. Trucha a la Plancha/Grillad öring ... 155
67. Parihuela/skaldjurssoppa ... 157
68. Limemarinerad rå fisk (Cebiche) ... 160
69. Causa Rellena de Atún (Tonfisk fylld Causa) ... 162

70. Chupe de Camarones/Räkchowder 164
71. Chupe de Pescado/Fish Chowder 167
72. Arroz con Mariscos/skaldjursris 170
73. Escabeche de Pescado/Inlagd fisk 173

CHOWDERS 176
74. Chupe de Ollucos/Olluco Potatis Chowder 177
75. Chupe de Camote/sötpotatischowder 179
76. Kyckling och koriandersoppa (Aguadito de Pollo) 181
77. Chupe de Lentejas/Lentil Chowder 183
78. Chupe de Quinua/Quinoa Chowder 186
79. Chupe de Pallares Verdes/Green Bean Chowder 188
80. Chupe de Papa/Potatischowder 190

EFTERRÄTT 193
81. Humitas/ångade majskakor 194
82. Arroz con Leche/Rispudding 196
83. Mazamorra Morada/Purple Corn Pudding 198
84. Mazamorra de Quinua/Quinoa Pudding 201
85. Frejol Colado/Bean Pudding 203
86. Smörgåsar med kolakakor (Alfajores) 205
87. Tres Leches tårta (Pastel de Tres Leches) 207
88. Suspiro a la Limeña (peruansk karamell- och marängdessert) 210
89. Mazamorra Morada /Purple Corn Pudding 212
90. Picarones (peruanska pumpamunkar med sirap) 214
91. Alfajores de Maicena (peruansk majsstärkelse Alfajores) 216
92. Helado de Lucuma (Lucuma glass) 218

DRYCK 220
93. Chicha de Jora/fermenterad majsöl 221
94. Chicha Morada/lila majsdrink 223
95. Inca Kola (peruansk gul läsk) 225
96. Maracuyá Sour (passionsfruktsur) 227
97. Coca Tea (Mate de Coca) 229
98. Jugos Naturales (färska fruktjuicer) 231
99. Pisco Punch 233
100. Coctel de Camu Camu (Camu Camu Fruit Cocktail) 235

SLUTSATS 237

INTRODUKTION

Välkommen till "En riktig peruan street food odyssey" en spännande kulinarisk resa som kommer att transportera dina smaklökar till Perus livliga gator. I det här äventyret kommer vi att fördjupa oss i hjärtat av Perus pulserande gatumatkultur, där doften av fräsande grillspett och pladder från entusiastiska försäljare skapar en atmosfär som ingen annan.

Perus gatumat är en mosaik av smaker, en återspegling av dess rika historia och olika influenser. När vi ger oss ut på denna odyssé har du chansen att utforska de autentiska smakerna och traditionerna som definierar det peruanska gatuköket. Från de världsberömda anticuchos till mindre kända pärlor, vi kommer att avslöja hemligheterna bakom dessa läckra rätter som har fångat både lokalbefolkningens och resenärers hjärtan och gommar.

Förbered dig på att bli inspirerad, när vi delar berättelserna bakom försäljarna, ingredienserna och teknikerna som gör peruansk gatumat till en oförglömlig upplevelse. Oavsett om du är en erfaren matentusiast eller nybörjare i världen av peruanska smaker, inbjuder den här boken dig att njuta av essensen av Peru, en tugga i taget. Så, låt oss ge oss ut på denna smakrika odyssé, och tillsammans kommer vi att upptäcka de autentiska smakerna av peruansk gatumat.

FRUKOST

1. Picarones/peruanska munkar

INGREDIENSER:
- 2 dl pumpapuré
- 2 dl sötpotatispuré
- 1 kopp universalmjöl
- 1/4 kopp majsstärkelse
- 1 tsk. torrjäst
- 1 tsk. socker
- 1/2 tsk. mald kanel
- 1/4 tsk. malda kryddnejlikor
- 1/4 tsk. mald anis
- 1/2 tsk. salt
- Vegetabilisk olja, för stekning
- 1 kopp melass eller chancacasirap, för servering
- 1/2 kopp rostade sesamfrön, till garnering

INSTRUKTIONER:
a) Kombinera pumpapurén och sötpotatispurén i en stor skål.
b) Blanda väl för att kombinera.
c) I en separat liten skål, lös upp den aktiva torrjästen och sockret i 1/4 kopp varmt vatten. Låt det sitta i 5 minuter eller tills det blir skummande.
d) Tillsätt jästblandningen till pumpa- och sötpotatispurén. Rör om tills det är väl inkorporerat.
e) I en annan skål, sikta ihop all-purpose mjöl, majsstärkelse, mald kanel, mald kryddnejlika, mald anis och salt.
f) Tillsätt gradvis de torra ingredienserna till pumpa- och sötpotatisblandningen under konstant omrörning tills du har en slät och kladdig smet. Låt smeten vila i 30 minuter så att smakerna utvecklas.
g) I en stor djup panna eller holländsk ugn, värm vegetabilisk olja över medelhög värme till cirka 350 ° F (175 ° C).
h) Använd en sked eller spritspåse med bred spets, släpp försiktigt ner klickar av smeten i den heta oljan och forma dem till små ringar eller skivor. Stek Picarones/peruanska munkarna i omgångar, se till att inte överbelasta pannan.
i) Stek Picarones/peruanska munkarna ca 3-4 minuter på varje sida, eller tills de blir gyllenbruna och krispiga. Använd en hålslev för att överföra dem till en pappershandduksklädd plåt för att rinna av överflödig olja.
j) Servera Picarones/Peruanska munkarna varma, droppade med melass eller chancacasirap och strö över rostade sesamfrön.

2.Tacu Tacu/mosade bönor och rispannkaka

INGREDIENSER:

- 2 dl kokt vitt ris
- 1 kopp kokta och kryddade kanariebönor eller svarta bönor
- 1/2 kopp fint tärnad kokt bacon eller pancetta
- 1/2 kopp fint tärnat kokt köttrester (som nötkött, kyckling eller fläsk)
- 1/4 kopp finhackad lök
- 2 vitlöksklyftor, hackade
- 1 tsk. kummin
- Salt att smaka
- Nymalen svartpeppar, efter smak
- Vegetabilisk olja, för stekning
- Stekta ägg, för servering (valfritt)
- Salsa criolla (peruansk lök och tomatsalsa), för servering (valfritt)

INSTRUKTIONER:

a) I en stor skål, kombinera det kokta vita riset och kokta kanariebönor eller svarta bönor.
b) Mosa dem tillsammans med en gaffel eller potatisstöt tills de är väl blandade. Blandningen ska hålla ihop.
c) I en stekpanna, värm en liten mängd vegetabilisk olja på medelvärme.
d) Tillsätt tärnad bacon eller pancetta och koka tills det är knaprigt. Ta bort baconet från stekpannan och ställ det åt sidan, lämna kvar det utsmälta fettet i stekpannan.
e) Tillsätt den finhackade löken och finhackad vitlök i samma stekpanna med det utsmälta fettet. Fräs tills löken blir genomskinlig och doftande.
f) Lägg det finskurna köttet i stekpannan och låt koka i några minuter tills det är genomvärmt.
g) Tillsätt den mosade ris- och bönblandningen i stekpannan, tillsammans med det kokta baconet.
h) Blanda allt väl, blanda in ingredienserna jämnt.
i) Krydda med spiskummin, salt och svartpeppar efter smak.
j) Koka ytterligare några minuter så att smakerna smälter samman.
k) Ta bort blandningen från stekpannan och låt den svalna något.
l) Dela blandningen i delar och forma dem till runda eller ovala biffar, cirka 1/2 till 3/4 tum tjocka.
m) I en ren stekpanna, värm tillräckligt med vegetabilisk olja på medelvärme för att täcka botten av stekpannan.
n) Tillsätt de formade Tacu Tacu/mosade bönor och rispannkakor och stek tills de är gyllenbruna och krispiga på båda sidor, ca 3-4 minuter per sida.
o) Ta bort Tacu Tacu/mosade bön- och rispannkakabiffarna från stekpannan och låt dem rinna av på en pappershandduksklädd plåt för att ta bort överflödig olja.
p) Servera Tacu Tacu/Mashed Bean and Rice Pancake varm med valfria stekta ägg på toppen och en sida av salsa criolla för extra smak och fräschör.

3. Peruansk Quinoagröt / Quinua Atamalada

INGREDIENSER:
- 1 kopp quinoa
- 3 koppar vatten
- 1 dl mjölk
- 1/2 kopp socker (justera efter smak)
- 1 kanelstång
- 1 tsk vaniljextrakt
- Russin och hackade nötter till garnering

INSTRUKTIONER:
a) Skölj quinoan noga under kallt vatten.
b) Blanda quinoa, vatten och kanelstången i en kastrull. Koka upp, sänk sedan värmen och låt sjuda i cirka 15-20 minuter, eller tills quinoan är kokt och blandningen tjocknar.
c) Tillsätt mjölk, socker och vaniljextrakt. Rör om och fortsätt koka i ytterligare 10-15 minuter.
d) Ta bort kanelstången.
e) Servera quinoagröten varm, garnerad med russin och hackade nötter.

4.Tortilla de Espinaca / Spenat Omelett

INGREDIENSER:
- 4 ägg
- 1 dl färsk spenat, hackad
- 1/2 kopp tärnad paprika
- 1/2 kopp tärnad lök
- 1/2 dl riven ost
- Salta och peppra efter smak
- Olivolja för matlagning

INSTRUKTIONER:
a) Vispa äggen i en skål och tillsätt hackad spenat, tärnad paprika, tärnad lök och riven ost. Krydda med salt och peppar.
b) Värm olivolja i en non-stick panna på medelvärme.
c) Häll äggblandningen i pannan och koka tills kanterna börjar stelna.
d) Vänd försiktigt omeletten och koka tills den är genomstekt och osten smält.
e) Servera varm.

5. Champorado / Chokladrisgröt

INGREDIENSER:
- 1 kopp klibbigt ris
- 4 koppar vatten
- 1/2 kopp kakaopulver
- 1/2 kopp socker (justera efter smak)
- 1/2 kopp indunstad mjölk
- Nypa salt
- Riven kokos eller kondenserad mjölk till garnering

INSTRUKTIONER:
a) I en gryta, kombinera klibbigt ris och vatten. Koka upp och låt sjuda tills riset är kokt och blandningen tjocknar.
b) Blanda kakaopulver, socker, evaporerad mjölk och en nypa salt i en separat skål för att bilda en chokladsås.
c) Kombinera chokladsåsen med det kokta riset och rör om väl.
d) Servera varm, garnerad med riven kokos eller kondenserad mjölk.

6. Sangrecita

INGREDIENSER:
- 500 gram kycklingblod
- 40 ml helfet tung grädde
- 3 matskedar olivolja eller nötkött droppande.
- 2 medelhackade lökar
- 1 huvud hackad vitlök
- 1 liten het paprika
- Oregano
- Hackad pepparmynta och koriander
- Salt

INSTRUKTIONER:
a) Ställ in kycklingblodet i kylen för att kyla ner det.
b) Fräs vitlök, lök och paprika i olivoljan i upp till 10 minuter.
c) Tillsätt de hackade örterna, salt.
d) Ta bort blodet, skär i små tärningar och lägg till blandningen.
e) Blanda väl.
f) Tillsätt lite mer olja och salt efter smak.

7. Peruanska trippelsmörgåsar

INGREDIENSER:

- 4 ägg
- ¼ kopp majonnäs
- 8 skivor vitt smörgåsbröd, skorpor borttagna
- 1 stor mogen avokado
- 1 ranka mogen tomat, skivad
- ½ tsk vardera salt och peppar, uppdelat

INSTRUKTIONER:

a) Lägg ägg i ett lager i kastrullen. Täck 2,5 cm (1 tum) med kallt vatten.
b) Sätt pannan på hög värme och låt vattnet koka upp.
c) Lägg ett tättslutande lock på pannan och ta bort från värmen. Låt stå i 6 minuter.
d) Häll av vattnet och lägg äggen under kallt rinnande vatten i 1 minut eller tills det är tillräckligt kallt för att hantera. Skala och skiva varje ägg.
e) Bred ut ett tunt lager majonnäs på ena sidan av varje brödskiva.
f) Fördela avokadon jämnt över 2 brödbitar; krydda med lite salt och peppar. Toppa avokadon med en bit bröd, majonnässidan upp.
g) Fördela tomaten jämnt över de 2 brödbitarna; krydda med lite salt och peppar.
h) Toppa tomat med en tredje bit bröd; majonnässidan uppåt. Fördela skivade ägg jämnt över de 2 brödbitarna; krydda med resterande salt och peppar.
i) Toppa med den sista brödbiten; majonnässidan nedåt.
j) Skär varje smörgås på mitten för att göra 4 portioner.

8.Röda chilaquiles med stekt ägg

INGREDIENSER:
FÖR SÅSEN:
- En 12-ounce burk skalade tomater, tillsammans med 1/2 kopp av de medföljande juicerna
- 1 jalapeño, frön ingår, grovt hackad
- 1 liten vit lök, tärnad
- 2 chipotle paprika i adobosås
- 4 vitlöksklyftor
- 1/4 kopp grovt hackad färsk koriander
- 2 matskedar vegetabilisk olja
- 1 msk agavenektar
- En nypa salt

FÖR MONTERING:
- Vegetabilisk olja för stekning
- Majstortillas, skurna eller rivna i trianglar
- Salt och peppar
- Strimlad Monterey Jack ost
- Cotija ost
- Ägg
- Färsk koriander

INSTRUKTIONER:
a) Börja med att lägga alla ingredienserna till såsen, förutom oljan, agaven och saltet, i en mixer och mixa tills en jämn konsistens uppnås. Värm vegetabilisk olja i en stor kastrull på medelvärme, tillsätt sedan den blandade såsen och rör om tills den tjocknar.
b) Tillsätt agave och salt. Här kan du stöta på din första utmaning, som är att motstå frestelsen att konsumera all sås eller sluka den direkt från kastrullen med en påse Tostitos. Utöva återhållsamhet. (Såsen kan förberedas i förväg, kylas och förvaras i kylen i upp till en dag.)

MONTERA
c) Förvärm broilern och börja steka tortillorna. Värm cirka 1/4 tum olja i en kastrull och stek tortillatrianglarna i omgångar, vänd dem halvvägs tills de blir något knapriga, men inte helt krispiga.
d) Låt de stekta tortillorna rinna av på hushållspapper, krydda dem lätt med salt. Det här är din nästa utmaning: frestelsen att konsumera all sås med dessa nästan chips. Du måste dock stå emot.
e) I din valda maträtt (använd en gryta eller gjutjärnsgryta för en större samling, eller en pajform eller en tallrik för en mindre grupp), arrangera ett lager tortillas, överlappa dem allt eftersom. Häll såsen över dem till önskad nivå av sauciness (i allmänhet är mer bättre), och täck sedan generöst med båda ostarna. Det är acceptabelt att detta verkar något soppigt; i själva verket borde det. Stek blandningen tills osten har smält. Försök inte använda en gaffel i detta skede.
f) Stek äggen lätt i en liten panna, se till att äggulorna förblir okokta eftersom du vet vad som kommer.
g) Ös portioner av den fräscha tortillablandningen i individuella skålar, tillsätt ett eller två ägg, lite färsk koriander och smaka av med salt och peppar.

9.Tomat och stekt ägg frukost på rostat bröd

INGREDIENSER:
- 4 tjocka skivor bröd i lantlig stil
- Olivolja
- 1 stor vitlöksklyfta, skalad
- 1 stor mogen tomat, halverad
- 4 stora ägg
- Salt och peppar

INSTRUKTIONER:
a) Pensla båda sidorna av de tjocka brödskivorna med en touch av olivolja och rosta i ugnen eller brödrostsugnen på cirka 375°F tills de blir gyllene och krispiga.
b) När toasterna är klara, ta ut dem ur ugnen och gnugga dem generöst med den skalade vitlöksklyftan, följt av den skurna sidan av tomaten.
c) När du gnuggar, se till att pressa tomatens saftiga insida på toasterna. Strö en nypa salt och peppar på rostat bröd.
d) Lägg i ett tunt lager olivolja i en stor stekpanna eller stekpanna och värm den på medelhög värme.
e) Knäck äggen i pannan, krydda dem med salt och peppar, täck sedan pannan och koka tills äggvitorna stelnat samtidigt som gulorna hålls rinnande. Lägg ett stekt ägg ovanpå varje rostat bröd och servera.
f) Njut av din utsökta frukost!

aptitretare och snacks

10.Pan con Chicharrón / Fläsksmörgås

INGREDIENSER:
- 4 små frallor (som ciabatta eller franska frallor)
- 1 lb fläskaxel, skuren i tunna skivor
- 2 vitlöksklyftor, hackade
- 1 tsk spiskummin
- 1/2 tsk paprika
- Salta och peppra efter smak
- Skivad sötpotatis
- Salsa criolla (lök, limejuice och chilipeppar) till topping

INSTRUKTIONER:
a) Marinera fläskskivorna i en skål med vitlök, spiskummin, paprika, salt och peppar. Låt det marinera i minst 30 minuter.
b) Hetta upp lite olja i en panna och stek det marinerade fläsket tills det är knaprigt och genomstekt.
c) Dela bröden på mitten och varva det kokta fläsket, skivad sötpotatis och salsacriolla.
d) Stäng rullarna och servera varma.

11. Tamales Peruanos / peruanska Tamales

INGREDIENSER:
- 2 koppar masa harina (majsmjöl)
- 1/2 kopp vegetabilisk olja
- 1 dl kyckling- eller fläskbuljong
- 1 tsk aji amarillopasta (peruansk gul chilipasta)
- 1/2 kopp tillagad och strimlad kyckling eller fläsk
- 2 kokta ägg, skivade
- Skivade oliver och russin till fyllning
- Bananblad eller majsskal till inslagning

INSTRUKTIONER:
a) I en stor skål, kombinera masa harina, vegetabilisk olja, kyckling- eller fläskbuljong och aji amarillo-pasta. Blanda tills du har en smidig deg.
b) Ta ett bananblad eller majsskal, lägg en sked av degen på det och bred ut det.
c) Lägg en skiva ägg, lite strimlat kött, oliver och russin i mitten av degen.
d) Vik bananbladet eller majsskalet för att slå in tamalen och skapa ett snyggt paket.
e) Ångkoka tamales i cirka 45 minuter till 1 timme, tills de är kokta och fasta.
f) Servera tamales med ytterligare salsa criolla eller aji-sås om så önskas.

12. Patacones/friterade groblad

INGREDIENSER:
- 2 gröna plantains
- Vegetabilisk olja för stekning
- Salt att smaka

INSTRUKTIONER:
a) Börja med att skala de gröna plantainerna. För att göra detta, skär av ändarna på plantainerna och gör en längdslits längs huden. Ta bort skinnet genom att dra det bort från grobladen.
b) Skär plantainerna i tjocka skivor, cirka 2,5 cm tjocka.
c) Värm vegetabilisk olja i en djup stekpanna eller stekpanna på medelvärme. Se till att det finns tillräckligt med olja för att sänka plantainskivorna helt.
d) Lägg försiktigt grobladskivorna i den heta oljan och stek dem ca 3-4 minuter på varje sida eller tills de blir gyllenbruna.
e) Ta bort de stekta plantainskivorna från oljan och lägg dem på en hushållspapperklädd plåt för att rinna av överflödig olja.
f) Ta varje stekt grobladskiva och platta till den med botten av ett glas eller ett köksredskap speciellt utformat för att platta till.
g) Lägg tillbaka de tillplattade grobladskivorna i den heta oljan och stek dem i ytterligare 2-3 minuter på varje sida tills de blir krispiga och gyllenbruna.
h) När de har stekts till önskad nivå av krispighet, ta bort Patacones/Fried Plantains från oljan och lägg dem på en pappershanddukklädd plåt för att rinna av överflödig olja.
i) Strö Patacones/Fried Plantains med salt efter smak medan de fortfarande är varma.
j) Servera Patacones/Fried Plantains som tillbehör eller som bas för pålägg eller fyllningar, som guacamole, salsa eller strimlat kött.

13.Vit fisk Ceviche

INGREDIENSER:
- 1 pund färska vita fiskfiléer (som flundra eller snapper), skurna i lagom stora bitar
- 1 kopp färsk limejuice
- 1 liten rödlök, tunt skivad
- 1-2 färsk rocoto eller habanero paprika, kärnade och finhackad
- 1/2 kopp hackad färsk koriander
- 1/4 kopp hackade färska myntablad
- 2 vitöksklyftor, hackade
- Salt att smaka
- Nymalen svartpeppar, efter smak
- 1 sötpotatis, kokt och skivad
- 1 majsöra, kokt och kärnorna borttagna
- Salladsblad, till servering

INSTRUKTIONER:
a) I en icke-reaktiv skål, kombinera fiskbitarna med limejuicen, se till att fisken är helt täckt.
b) Låt den marinera i kylen i ca 20-30 minuter tills fisken blir ogenomskinlig.
c) Häll av limesaften från fisken och kasta saften.
d) I en separat skål, kombinera den marinerade fisken med rödlök, rocoto eller habanero paprika, koriander, mynta och vitlök. Blanda försiktigt för att kombinera.
e) Smaka av med salt och nymalen svartpeppar efter smak. Justera mängden rocoto eller habanero peppar efter önskad nivå av kryddighet.
f) Låt cevichen marinera i kylen i ytterligare 10-15 minuter så att smakerna smälter samman.
g) Servera cevichen kyld på en bädd av salladsblad, garnerad med skivor av kokt sötpotatis och majskärnor.

14. Tiradito/ Kryddig marinerad Ceviche

INGREDIENSER:
- 1 pund färsk fiskfilé (som flundra, tunga eller snapper), tunt skivade
- Saft av 3-4 limefrukter
- 2 msk. ají amarillopasta
- 2 vitlöksklyftor, hackade
- 1 msk. Soja sås
- 1 msk. olivolja
- 1 tsk. socker
- Salt att smaka
- Peppar, efter smak
- Färsk koriander, hackad, till garnering
- Rödlök, tunt skivad, till garnering
- Rokotopeppar eller röd chilipeppar, tunt skivad, till garnering

INSTRUKTIONER:
a) Lägg de tunt skivade fiskfiléerna i en grund form.
b) I en skål, kombinera limejuice, ají amarillo-pasta, hackad vitlök, sojasås, olivolja, socker, salt och peppar. Vispa ihop tills det är väl blandat.
c) Häll marinaden över fisken och se till att varje skiva är jämnt täckt.
d) Låt fisken marinera i kylen i ca 10-15 minuter. Syran i limesaften kommer att "koka" fisken något.
e) Lägg upp de marinerade fiskskivorna på ett serveringsfat.
f) Ringla lite av marinaden över fisken som dressing.
g) Garnera Tiradito/peruanska Ceviche med hackad färsk koriander, tunt skivad rödlök och skivad rocotopeppar eller röd chilipeppar.
h) Servera Tiradito/peruanska Ceviche omedelbart som förrätt eller lätt huvudrätt.

15. Ceviche de Conchas Negras/Black Clam Ceviche

INGREDIENSER:
- 1 pund färska svarta musslor (conchas negras), rensade och skurna
- 1 rödlök, tunt skivad
- 2-3 rokotopeppar eller annan kryddig chilipeppar, finhackad
- 1 kopp färskpressad limejuice
- 1/2 kopp färskpressad citronsaft
- Salt att smaka
- Färska korianderblad, hackade
- Majskärnor (valfritt)
- Sötpotatis, kokt och skivad (valfritt)
- Salladsblad (valfritt)

INSTRUKTIONER:
a) Skölj de svarta musslorna noggrant under kallt vatten för att ta bort eventuell sand eller grus. Ta försiktigt bort musslorna, kassera skalen och spara köttet. Hacka musselsköttet i lagom stora bitar.

b) I en icke-reaktiv skål, kombinera de hackade svarta musslorna, rödlökskivorna och rocoto- eller chilipeppar.

c) Häll den färskpressade lime- och citronsaften över musselblandningen och se till att alla ingredienser täcks av citrusjuicen. Detta kommer att hjälpa till att "koka" musslorna.

d) Smaka av med salt efter smak och blanda försiktigt ihop allt.

e) Täck skålen med plastfolie och ställ i kylen i cirka 30 minuter till 1 timme. Under denna tid kommer syran från citrusjuicen att marinera ytterligare och "koka" musslorna.

f) Före servering, smaka av cevichen och justera kryddningen om det behövs.

g) Garnera med färsk hackad korianderblad.

h) Valfritt: Servera cevichen med kokta majskärnor, skivad sötpotatis och salladsblad för extra textur och tillbehör.

i) Servera Ceviche de Conchas Negras/Black Clam Ceviche kyld som förrätt eller huvudrätt. Njut av den med rostade majskärnor (cancha) eller krispiga majstortillas.

j) Obs: Det är viktigt att använda färska och högkvalitativa svarta musslor för denna ceviche. Se till att musslorna kommer från pålitliga skaldjursleverantörer och att de är ordentligt rengjorda före användning.

16. Papa Rellena/fylld potatis

INGREDIENSER:
- 4 stora potatisar, skalade och delade i fjärdedelar
- 1 msk. vegetabilisk olja
- 1 liten lök, finhackad
- 2 vitlöksklyftor, hackade
- 1/2 pund nötfärs eller malet kött efter eget val
- 1 tsk. mald kummin
- 1/2 tsk. paprika
- Salta och peppra efter smak
- 2 hårdkokta ägg, hackade
- 12 oliver, urkärnade och hackade
- Vegetabilisk olja för stekning

INSTRUKTIONER:
a) Lägg potatisen i en stor kastrull med saltat vatten och låt koka upp.
b) Koka potatisen tills den är gaffelmör, ca 15-20 minuter.
c) Häll av potatisen och överför den till en stor skål.
d) Mosa potatisen slät och ställ åt sidan.
e) Värm vegetabilisk olja på medelhög värme i en stekpanna.
f) Tillsätt hackad lök och hackad vitlök och fräs tills de är mjuka och genomskinliga.
g) Tillsätt nötfärsen i stekpannan och koka tills den är brynt och genomstekt. Bryt upp alla stora köttbitar med en sked.
h) Krydda köttblandningen med mald spiskummin, paprika, salt och peppar. Rör om väl för att blanda kryddorna jämnt.
i) Ta av kastrullen från värmen och rör ner de hackade hårdkokta äggen och oliverna.
j) Blanda allt tills det är väl blandat.
k) Ta en portion av potatismoset (ungefär lika stor som en liten tennisboll) och platta till den i handen. Lägg en sked av köttblandningen i mitten av den tillplattade potatisen och forma potatisdegen runt fyllningen till en boll. Upprepa processen med resterande potatismos och köttblandning.
l) Värm tillräckligt med vegetabilisk olja för stekning på medelvärme i en stor stekpanna eller fritös. Lägg försiktigt potatisbollarna i den heta oljan och stek dem tills de är gyllenbruna och krispiga på alla sidor. Ta bort Papa Rellena/fylld potatis från oljan och låt dem rinna av på en tallrik med hushållspapper.
m) Servera Papa Rellena/fylld potatis varm som förrätt eller varmrätt. De kan avnjutas på egen hand eller med en sida av salsa criolla (en traditionell peruansk lök- och tomatrelish) eller aji-sås (en kryddig peruansk sås).
n) Njut av de läckra smakerna av Papa Rellena/fylld potatis medan de fortfarande är varma och krispiga.

17.Tequeños/oststavar med dipsås

INGREDIENSER:
- 12 äggrulle-omslag (eller wonton-omslag)
- 12 skivor queso fresco (färsk vit ost)
- 1 ägg, vispat (för att försluta omslagen)
- Olja för stekning

Till dipsåsen:
- 2 matskedar aji amarillopasta
- 1/4 kopp majonnäs
- 1 msk limejuice
- Salta och peppra efter smak

INSTRUKTIONER:
a) Lägg ut ett äggrulleomslag, lägg en skiva queso fresco i mitten och rulla ihop det, försegla kanterna med uppvispat ägg.
b) Hetta upp olja i en panna för stekning.
c) Stek tequeños tills de är gyllenbruna och krispiga.
d) För dippsåsen, blanda aji amarillopasta, majonnäs, limejuice, salt och peppar.
e) Servera tequeños med dipsåsen.

18. Yuca Fries

INGREDIENSER:
- 2 lbs yuca (cassava), skalad och skuren i pommes frites
- Olja för stekning
- Salt att smaka

INSTRUKTIONER:
a) Värm olja i en fritös eller en stor gryta till 350°F (175°C).
b) Stek yuca-pommes fritesen i omgångar tills de är gyllene och krispiga, ca 4-5 minuter.
c) Ta bort och låt rinna av på hushållspapper.
d) Strö över salt och servera varm.

19.Peruansk Ceviche

INGREDIENSER:
- 1 pund vit fisk (som havsabborre eller tunga), skuren i små bitar
- 1 kopp färsk limejuice
- 1 rödlök, fint skivad
- 2-3 aji limo paprika (eller annan het chilipeppar), finhackad
- 1-2 vitlöksklyftor, hackade
- 1 sötpotatis, kokt och skivad
- 1 majsöra, kokt och skuren i rundor
- Färsk koriander, hackad
- Salta och peppra efter smak

INSTRUKTIONER:

a) Blanda fisken och limejuicen i en stor skål. Syran i limesaften kommer att "koka" fisken. Låt det marinera i ca 10-15 minuter.

b) Tillsätt den skivade rödlöken och aji limo-peppar till den marinerade fisken. Blanda väl.

c) Krydda med finhackad vitlök, salt och peppar.

d) Servera cevichen med kokta sötpotatisskivor, majsrundor och en garnering av färsk koriander.

20.Potatis i Papa a la Huancaína/Huancayo-stil

INGREDIENSER:
- 4 stora gula potatisar
- 1 kopp aji amarillosås (gjord av peruansk gul chilipeppar)
- 1 kopp queso fresco (peruansk färskost), smulad
- 4 saltkex
- 1/4 kopp indunstad mjölk
- 2 matskedar vegetabilisk olja
- 2 hårdkokta ägg, skivade
- Svarta oliver till garnering
- Salladsblad (valfritt)

INSTRUKTIONER:
a) Koka potatisen tills den är mjuk, skala den och skär den i skivor.
b) I en mixer, kombinera aji amarillo-sås, queso fresco, saltkex, indunstad mjölk och vegetabilisk olja. Mixa tills du har en krämig sås.
c) Lägg upp potatisrundorna på en tallrik (på salladsblad om så önskas).
d) Häll Huancaínasåsen över potatisen.
e) Garnera med hårdkokta äggskivor och svarta oliver.
f) Servera kall.

21.Palta Rellena / Fylld avokado

INGREDIENSER:
- 2 mogna avokado, halverade och urkärnade
- 1 burk tonfisk, avrunnen
- 1/4 kopp majonnäs
- 1/4 kopp hackad färsk koriander
- 1/4 kopp rödlök, finhackad
- Limejuice
- Salta och peppra efter smak
- Salladsblad till servering

INSTRUKTIONER:
a) Skopa ut lite av avokadoköttet från mitten av varje avokadohalva för att skapa en hålighet.
b) Blanda tonfisk, majonnäs, koriander, rödlök och en skvätt limejuice i en skål. Krydda med salt och peppar.
c) Fyll avokadohalvorna med tonfiskblandningen.
d) Servera på en bädd av salladsblad.
e) Njut av dessa extra peruanska aptitretare och snacks!

PASTA

22. Carapulcra con Sopa Seca

INGREDIENSER:
FÖR CARAPULCRA:
- 2 kg torkad potatis (papas secas)
- 1 lb fläskaxel, tärnad
- 1/4 kopp aji panca pasta (peruansk röd chilipasta)
- 1/4 kopp malda jordnötter
- 1 rödlök, finhackad
- 4 vitlöksklyftor, hackade
- 2 dl kycklingbuljong
- 1/2 kopp vitt vin
- 2 lagerblad
- Vegetabilisk olja för stekning
- Salta och peppra efter smak

FÖR SOPA SECA:
- 2 dl änglahårspasta, delad i små bitar
- 1/4 kopp vegetabilisk olja
- 2 vitlöksklyftor, hackade
- 2 dl kycklingbuljong
- Salta och peppra efter smak

INSTRUKTIONER:
a) För Carapulcra: Värm vegetabilisk olja i en stor gryta och bryn det tärnade fläsket.
b) Tillsätt finhackad lök, hackad vitlök och aji panca-pasta. Koka tills löken är mjuk.
c) Rör ner malda jordnötter, torkad potatis, kycklingbuljong, vitt vin, lagerblad, salt och peppar. Sjud tills den torkade potatisen är mjuk och grytan tjocknar.
d) För Sopa Seca: Värm vegetabilisk olja i en separat panna och fräs den trasiga änglahårspastan tills den blir gyllenbrun.
e) Tillsätt hackad vitlök, kycklingbuljong, salt och peppar. Koka tills pastan är mjuk och buljongen absorberas.
f) Servera Carapulcra och Sopa Seca tillsammans för en läcker peruansk kombination.

23.Tofu Lomo Saltado sallad

INGREDIENSER:
FÖR SALLAD:
- 2 koppar blandad grönsallad (t.ex. sallad, spenat, ruccola)
- 1 rödlök, tunt skivad
- 1 tomat, skuren i klyftor
- 1 kopp kokt quinoa
- 1 kopp rostade röd paprika strimlor
- 1/2 kopp kokta gröna bönor

FÖR LOMO SALTADO TOFU:
- 14 oz extra fast tofu, i tärningar
- 2 msk sojasås
- 1 matsked vinäger
- 1 matsked aji amarillopasta (peruansk gul chilipasta)
- 1 vitlöksklyfta, finhackad
- Salta och peppra efter smak
- Vegetabilisk olja för stekning

INSTRUKTIONER:
a) Kasta tofukuberna med sojasås, vinäger, aji amarillopasta, finhackad vitlök, salt och peppar. Marinera i ca 15 minuter.
b) Hetta upp vegetabilisk olja i en panna och stek den marinerade tofun tills den är knaprig.
c) Montera salladen genom att arrangera de blandade gröna, rödlök, tomat, quinoa, rostad röd paprika och haricots verts.
d) Toppa salladen med den krispiga Lomo Saltado-tofun.
e) Servera med en lätt vinägrett eller valfri dressing.

24. Grön spagetti

INGREDIENSER:
- 1 pund fettuccine eller spaghettipasta
- 2 dl färska basilikablad
- 1 dl färska spenatblad
- 1/2 kopp riven parmesanost
- 1/4 kopp valnötter eller pinjenötter
- 2 vitlöksklyftor
- 1/2 kopp indunstad mjölk
- 1/4 kopp vegetabilisk olja
- 1 msk. olivolja
- Salta och peppra efter smak
- Riven parmesanost till garnering

INSTRUKTIONER:
a) Koka pastan enligt anvisningarna på förpackningen tills den är al dente. Häll av och ställ åt sidan.
b) I en mixer eller matberedare, kombinera basilikablad, spenatblad, riven parmesanost, valnötter eller pinjenötter, vitlök, evaporerad mjölk, vegetabilisk olja och olivolja. Mixa tills du har en slät och levande grön sås.
c) Värm en stor stekpanna över medelvärme.
d) Tillsätt den gröna såsen i stekpannan och koka i cirka 5 minuter, rör om då och då, tills såsen är genomvärmd.
e) Tillsätt den kokta pastan i stekpannan med den gröna såsen. Kasta pastan i såsen tills den är väl täckt och uppvärmd.
f) Krydda med salt och peppar efter smak. Justera kryddningen efter dina önskemål.
g) Överför Tallarines Verdes/Green Spaghetti till ett serveringsfat eller enskilda tallrikar. Garnera med riven parmesanost.
h) Servera genast medan de fortfarande är varma.

25. Grön sås med linguine

INGREDIENSER:
FÖR TALLARINES:
- 8 oz fettuccine eller linguinepasta
- 2 dl färska spenatblad
- 1/2 kopp färska basilikablad
- 1/4 kopp queso fresco (peruansk färskost)
- 2 vitlöksklyftor, hackade
- 1/4 kopp indunstad mjölk
- 2 matskedar vegetabilisk olja
- Salta och peppra efter smak

FÖR SALLAD:
- Blandade gröna (t.ex. sallad, ruccola, spenat)
- körsbärstomater
- Skivad avokado

INSTRUKTIONER:
a) Koka pastan enligt anvisningarna på förpackningen tills den är al dente. Häll av och ställ åt sidan.
b) I en mixer, kombinera färsk spenat, basilika, queso fresco, hackad vitlök, indunstad mjölk, vegetabilisk olja, salt och peppar. Mixa tills du har en krämig grön sås.
c) Blanda den kokta pastan med den gröna såsen tills den är väl täckt.
d) Servera den gröna pastan på en bädd av blandat grönt, garnerat med körsbärstomater och skivad avokado.

26.Tallarines Rojos (röd nudelsås)

INGREDIENSER:
FÖR TALLARINES:
- 8 oz fettuccine eller linguinepasta
- 1/4 kopp vegetabilisk olja
- 2 vitlöksklyftor, hackade
- 1/4 kopp aji panca pasta (peruansk röd chilipasta)
- 1 kopp indunstad mjölk
- 1/4 kopp queso fresco (peruansk färskost)
- Salta och peppra efter smak

FÖR SALLAD:
- Blandade gröna (t.ex. sallad, ruccola, spenat)
- Skivad avokado
- körsbärstomater

INSTRUKTIONER:
a) Koka pastan enligt anvisningarna på förpackningen tills den är al dente. Häll av och ställ åt sidan.
b) Värm vegetabilisk olja i en kastrull och tillsätt hackad vitlök. Koka i en minut tills det doftar.
c) Rör i aji panca pasta, indunstad mjölk, queso fresco, salt och peppar. Koka tills såsen tjocknar.
d) Blanda den kokta pastan med den röda såsen tills den är väl täckt.
e) Servera den röda pastan på en bädd av blandat grönt, garnerat med skivad avokado och körsbärstomater.

27.Tallarines Verdes con Pollo (gröna nudlar med kyckling)

INGREDIENSER:
FÖR DEN GRÖNA SÅSEN:
- 2 dl färska spenatblad
- 1/2 kopp färska basilikablad
- 1/4 kopp queso fresco (peruansk färskost)
- 2 vitlöksklyftor, hackade
- 1/4 kopp indunstad mjölk
- 2 matskedar vegetabilisk olja
- Salta och peppra efter smak

FÖR Kycklingen:
- 4 benfria, skinnfria kycklingbröst
- 2 matskedar vegetabilisk olja
- Salta och peppra efter smak

FÖR NUDLAR:
- 8 oz fettuccine eller linguinepasta
- Riven parmesanost till garnering

INSTRUKTIONER:
a) I en mixer, kombinera färsk spenat, basilika, queso fresco, hackad vitlök, indunstad mjölk, vegetabilisk olja, salt och peppar. Mixa tills du har en slät grön sås.

b) Krydda kycklingbrösten med salt och peppar, grilla eller stek sedan tills de är genomstekta.

c) Koka pastan enligt anvisningarna på förpackningen tills den är al dente. Häll av och ställ åt sidan.

d) Blanda den kokta pastan med den gröna såsen tills den är väl täckt.

e) Servera de gröna nudlarna med ett grillat kycklingbröst på toppen, garnerad med riven parmesanost.

GRÖNTSAKSRÄTT OCH SALLAD

28. Causa Limeña/Lima-stil potatisgryta

INGREDIENSER:
- 4 stora gula potatisar, kokta och skalade
- 2 msk. vegetabilisk olja
- 2 msk. limejuice
- 1 tsk. gul ají pepparpasta (eller ersätt med aji amarillopasta)
- Salt att smaka
- 1 burk (5 oz) konserverad tonfisk, avrunnen
- 1 avokado, skivad
- 4-6 salladsblad
- 2 hårdkokta ägg, skivade
- 8 svarta oliver
- Färsk persilja eller koriander, hackad, till garnering

INSTRUKTIONER:
a) Mosa den kokta och skalade gula potatisen i en stor skål tills den är slät och klumpfri.
b) Tillsätt vegetabilisk olja, limejuice, gul ají-pepparpasta och salt.
c) Blanda väl för att blanda alla ingredienser och smaka av.
d) Klä en rektangulär eller fyrkantig form med plastfolie, lämna tillräckligt med överhäng för att täcka toppen senare.
e) Fördela hälften av potatisblandningen jämnt i den fodrade formen, tryck ner den för att bilda ett kompakt lager.
f) Toppa potatislagret med den konserverade tonfisken, fördela den jämnt över potatisen.
g) Lägg den skivade avokadon ovanpå tonfiskskiktet och täck det helt.
h) Lägg den återstående potatisblandningen ovanpå, jämna ut den för att skapa ett sista lager.
i) Vik plastfolien över toppen för att täcka causa och låt stå i kylen i minst 1 timme så att den stelnar och stelnar.
j) När den är kyld och fast, ta bort causaen från skålen genom att lyfta ut den med den överhängande plastfolien. Ta försiktigt bort plastfolien och lägg causaen på ett serveringsfat.
k) Ordna salladsbladen ovanpå causaen. Garnera med skivade hårdkokta ägg, svarta oliver och nyhackad persilja eller koriander.
l) Skiva Causa Limeña/Lima-stil potatisgryta i individuella portioner och servera kyld.

29.Rocoto Relleno/Fyld Rocoto Peppers

INGREDIENSER:
- 6 rocoto paprika (ersätt med röd paprika för mildare värme)
- 1 pund köttfärs eller fläsk
- 1/2 kopp tärnad lök
- 3 vitloksklyftor, hackade
- 1/2 kopp tärnade tomater
- 1/4 kopp russin
- 1/4 kopp svarta oliver, skivade
- 1/4 kopp hackad färsk persilja
- 1 tsk. mald kummin
- 1 tsk. torkad oregano
- Salt att smaka
- Peppar, efter smak
- 1 kopp riven ost (som mozzarella eller cheddar)
- Vegetabilisk olja, för stekning
- För Huancaina-såsen (valfritt):
- 1 kopp indunstad mjölk
- 1 kopp smulad queso fresco eller fetaost
- 2 gula ají-peppar (eller ersätt med aji amarillo-pasta)
- 4 saltkex
- Salt att smaka

INSTRUKTIONER:
a) Värm ugnen till 350°F (175°C).
b) Skär av toppen på rokotopeppar och ta bort frön och hinnor.
c) Var försiktig då rokotopeppar kan vara kryddig. Om så önskas, blötlägg paprikorna i saltat vatten i 15 minuter för att minska värmen.
d) Koka nötfärs eller fläsk på medelhög värme i en stekpanna tills det får färg.
e) Tillsätt den hackade löken och den hackade vitlöken och fräs tills löken blir genomskinlig.
f) Rör ner tärnade tomater, russin, svarta oliver, hackad persilja, mald spiskummin, torkad oregano, salt och peppar.
g) Koka ytterligare några minuter så att smakerna smälter samman. Ta bort från värmen och ställ åt sidan.
h) Fyll varje rokotopeppar med köttblandningen, tryck försiktigt ner den för att fylla hela paprikan.
i) Toppa varje fylld paprika med riven ost.
j) Värm vegetabilisk olja i en djup stekpanna eller stekpanna på medelhög värme.
k) Lägg försiktigt de fyllda rokotopeprikorna i den heta oljan och stek dem tills paprikorna mjuknat något och osten smält och bubblig, ca 5-7 minuter. Ta bort från oljan och låt rinna av på en hushållspappersklädd plåt.
l) Överför de stekta rokotopeprikorna till en ugnsform och grädda i den förvärmda ugnen i cirka 15 minuter, eller tills paprikorna är helt genomstekta och mjuka.
m) Förbered Huancaina-såsen (valfritt) medan rocoto-peppar bakas. I en mixer, kombinera den förångade mjölken, smulad queso fresco eller fetaost, gul ají-peppar (eller aji amarillo-pasta), saltkex och salt.
n) Mixa tills det är slätt och krämigt.
o) Servera Rocoto Relleno/Fyld Rocoto Peppers varm, ringlad med Huancaina-sås om så önskas.

30.Carapulcra/torkad potatisgryta

INGREDIENSER:
- 1 lb (450 g) fläsk, skuren i lagom stora bitar
- 2 dl torkad potatis, blötlagd i vatten tills den mjuknat
- 1 lök, finhackad
- 3 vitlöksklyftor, hackade
- 2 msk. vegetabilisk olja
- 2 msk. aji panca pasta (peruansk röd paprikapasta)
- 2 tsk. mald kummin
- 1 tsk. torkad oregano
- 1 tsk. paprika
- 4 dl kyckling- eller grönsaksbuljong
- 1/2 kopp jordnötter, rostade och malda
- Salta och peppra efter smak
- Färsk koriander, hackad (för garnering)

INSTRUKTIONER:
a) Värm vegetabilisk olja på medelvärme i en stor gryta.
b) Tillsätt fläsket och stek tills det fått färg på alla sidor. Ta bort fläsket från grytan och ställ åt sidan.
c) Tillsätt hackad lök och hackad vitlök i samma gryta. Fräs tills löken är genomskinlig och doftande.
d) Tillsätt aji panca-pasta, mald spiskummin, torkad oregano och paprika i grytan. Rör om väl för att täcka lök och vitlök med kryddorna.
e) Lägg tillbaka det brynta fläsket i grytan och blanda det med lök- och kryddblandningen.
f) Låt den blötlagda torkade potatisen rinna av och tillsätt den i grytan. Rör om försiktigt för att kombinera med övriga ingredienser.
g) Häll i kyckling- eller grönsaksbuljongen, se till att potatisen och fläsket är täckt. Koka upp blandningen, sänk sedan värmen till låg och låt sjuda i cirka 1 timme eller tills potatisen är mjuk och smakerna har smält samman.
h) Rör ner de malda jordnötterna och smaka av med salt och peppar. Fortsätt sjuda i ytterligare 10-15 minuter.
i) Ta bort från värmen och låt Carapulcra/torkad potatisgryta vila några minuter innan servering.
j) Servera varm, garnerad med nyhackad koriander.

31. Solterito/peruansk sallad

INGREDIENSER:

- 2 koppar kokta och kylda jättemajskärnor (choclo)
- 1 kopp kokta och kylda limabönor
- 1 kopp kokta och kylda favabönor
- 1 kopp kokta och kylda gröna ärtor
- 1 kopp tärnade mogna tomater
- 1 kopp tärnad rödlök
- 1 kopp tärnad rocotopeppar
- 1 kopp tärnad queso fresco (eller ersätt med fetaost)
- 1/4 kopp hackad färsk koriander
- 1/4 kopp hackad färsk persilja
- Salta och peppra efter smak

KLÄ PÅ SIG

- 1/4 kopp rödvinsvinäger
- 1/4 kopp extra virgin olivolja
- 1 vitlöksklyfta, hackad
- Saft av 1 lime
- Salta och peppra efter smak

INSTRUKTIONER:

a) Kombinera de kokta jättemajskärnorna, limabönorna, favabönorna, gröna ärterna, tärnade tomater, rödlök, rocotopeppar, queso fresco, hackad koriander och hackad persilja i en stor mixerskål.

b) Blanda väl.

c) I en separat liten skål, vispa ihop rödvinsvinäger, extra virgin olivolja, hackad vitlök, limejuice, salt och peppar för att göra dressingen.

d) Häll dressingen över salladsingredienserna och rör försiktigt tills allt är väl täckt.

e) Smaka av och justera kryddningen med salt och peppar om det behövs.

f) Låt Solterito/peruansk sallad marinera i kylen i minst 30 minuter så att smakerna blandas ihop.

g) Innan servering, ge salladen en sista släng och garnera med ytterligare hackad koriander eller persilja om så önskas.

h) Servera Solterito/peruansk sallad kyld som en uppfriskande tillbehör eller en lätt huvudrätt.

32. Spicy Potato Terrine (Causa Rellena)

INGREDIENSER:
FÖR POTATISEN
- 2 lbs. Yukon guldpotatis
- ½ kopp olivolja
- 1/3 kopp limejuice (ca 3)
- 1 tsk. aji amarillo pulver

FÖR FYLLNINGAR, VAL AV:
- Tonfisksallad
- Kycklingsallad
- Räksallad
- Tomat och avokado
- Till påläggen
- Skivad hårdkokt ägg
- Skivad avokado
- Halverade körsbärstomater
- Svarta oliver
- Örter
- paprika

INSTRUKTIONER:
a) Koka potatisen tills den lätt genomborras med en kniv. När det är tillräckligt kallt för att hantera, skala skalet och mosa slätt eller häll genom en potatispress.
b) Rör ner chilipulvret i limesaften så att det inte blir några klumpar och tillsätt potatisen tillsammans med olivoljan. Tillsätt salt efter smak, du behöver förmodligen minst en tesked.
c) Klä två 9"-pannor med plastfolie och låt det extra hänga över pannornas kant.
d) Fördela potatisblandningen mellan de två förberedda formarna och tryck till för att platta till och jämna ut. Lägg kanterna på plastfolien över potatiskakan och ställ i kylen tills den är kall.

ATT BYGGA IHOP
e) Ta bort en potatiskaka från formen med hjälp av plastslingan, vänd och lägg på ett serveringsfat. Bred ut med valfri fyllning. Toppa med den andra potatiskårtan.
f) Nu kommer den roliga delen. Dekorera din causa rellena genom att använda någon av de föreslagna påläggen från listan, eller använd din fantasi och använd vad du än har till hands. Servera kyld.

33.Ensalada de Pallares (peruansk Lima bönsallad)

INGREDIENSER:
- 2 koppar kokta limabönor (pallares), avrunna
- 1 rödlök, fint skivad
- 1 kopp färska majskärnor (kokta)
- 1 dl körsbärstomater, halverade
- 1/4 kopp färsk koriander, hackad
- 1/4 kopp queso fresco (peruansk färskost), smulad
- Limejuice
- Olivolja
- Salta och peppra efter smak

INSTRUKTIONER:
a) I en stor salladsskål, kombinera de kokta limabönorna, skivad rödlök, färska majskärnor och körsbärstomater.
b) Ringla över limejuice och olivolja. Krydda med salt och peppar.
c) Rör ihop salladen för att kombinera alla ingredienser.
d) Garnera med smulad queso fresco och färsk koriander.
e) Servera som en uppfriskande sallad.

34.Aji de Gallina sallad

INGREDIENSER:
FÖR SALLAD:
- 2 koppar tillagad och strimlad kyckling
- 4 kokta potatisar, skivade
- 2 kokta ägg, skivade
- 1/2 kopp svarta oliver
- 1/4 kopp rostade jordnötter
- Salladsblad till servering

FÖR AJI DE GALLINA-DRESSINGEN:
- 1 kopp aji amarillosås
- 1/2 kopp indunstad mjölk
- 1/4 kopp riven parmesanost
- 2 skivor vitt bröd, skorpor borttagna och blötlagda i mjölk
- 2 vitlöksklyftor, hackade
- 2 matskedar vegetabilisk olja
- Salta och peppra efter smak

INSTRUKTIONER:
a) I en mixer, kombinera aji amarillosås, evaporerad mjölk, parmesanost, blötlagt bröd, malet vitlök, salt och peppar. Mixa tills det är slätt.
b) Hetta upp vegetabilisk olja i en panna och tillsätt aji de gallina-såsen. Koka i några minuter tills det tjocknar.
c) Lägg upp salladsblad på serveringsfat.
d) Toppa med strimlad kyckling, skivad potatis och kokta äggskivor.
e) Ringla aji de gallina-såsen över salladen.
f) Garnera med svarta oliver och rostade jordnötter.
g) Servera varm.

35. Ensalada de Quinua (Quinoasallad)

INGREDIENSER:

- 2 dl kokt quinoa
- 1 kopp tärnad gurka
- 1 kopp tärnad röd paprika
- 1 kopp majskärnor (kokta)
- 1/2 kopp hackad färsk koriander
- 1/4 kopp rödlök, finhackad
- 1/4 kopp fetaost, smulad
- Saften av 2 limefrukter
- Olivolja
- Salta och peppra efter smak

INSTRUKTIONER:

a) I en stor salladsskål, kombinera den kokta quinoan, tärnad gurka, röd paprika, majskärnor, färsk koriander och rödlök.
b) Ringla över limejuice och olivolja. Krydda med salt och peppar.
c) Rör ihop salladen för att kombinera alla ingredienser.
d) Garnera med smulad fetaost.
e) Servera som en uppfriskande quinoasallad.

36.Limabönor i koriandersås

INGREDIENSER:
- 2 koppar kokta limabönor (pallares), avrunna
- 1 kopp färska korianderblad
- 2 vitlöksklyftor
- 1/2 kopp queso fresco (peruansk färskost), smulad
- 2 matskedar vegetabilisk olja
- Salta och peppra efter smak

INSTRUKTIONER:
a) I en mixer, kombinera färsk koriander, vitlök, queso fresco, vegetabilisk olja, salt och peppar. Mixa tills du har en slät koriandersås.
b) Kasta de kokta limabönorna med koriandersåsen.
c) Servera som tillbehör eller lätt huvudrätt.

37.Solterito de Quinua (Quinoa Solterito sallad)

INGREDIENSER:
- 2 dl kokt quinoa
- 1 kopp kokta och skalade favabönor (eller limabönor)
- 1 kopp tärnad queso fresco (peruansk färskost)
- 1 kopp tärnade mogna tomater
- 1/2 kopp tärnad rödlök
- 1/4 kopp hackad färsk koriander
- 1/4 kopp svarta oliver
- 1/4 kopp aji amarillosås (peruansk gul chilisås)
- Olivolja
- Salta och peppra efter smak

INSTRUKTIONER:
a) I en stor salladsskål, kombinera den kokta quinoan, favabönorna, queso fresco, tärnade tomater, tärnad rödlök och hackad färsk koriander.
b) Ringla över olivolja och aji amarillosås. Krydda med salt och peppar.
c) Rör ihop salladen för att kombinera alla ingredienser.
d) Garnera med svarta oliver.
e) Servera som en uppfriskande quinoasallad.

NÖT, LAMM OCH FLÄSK

38.Pachamanca / Andinskött och grönsaker

INGREDIENSER:
- 1 pund nötkött, skuren i bitar
- 1 pund fläsk, skuren i bitar
- 1 pund kyckling, skuren i bitar
- 1 pund potatis, skalad och halverad
- 1 pund sötpotatis, skalad och skivad
- 2 majsax, skalade och halverade
- 1 kopp favabönor eller limabönor
- 1 kopp färska eller frysta gröna ärtor
- 1 kopp färska eller frysta bondbönor
- 1 rödlök, tunt skivad
- 4 vitlöksklyftor, hackade
- 1 msk. torkad oregano
- 1 msk. mald kummin
- 1 msk. aji panca pasta (eller ersätt med röd chilipasta)
- 1/4 kopp vegetabilisk olja
- Salt att smaka
- Färsk koriander, hackad, till garnering

INSTRUKTIONER:
a) Värm ugnen till 350°F (180°C).
b) I en stor skål, kombinera nötkött, fläsk, kyckling, rödlök, vitlök, torkad oregano, mald spiskummin, aji panca pasta, vegetabilisk olja och salt.
c) Blanda väl så att allt kött är täckt med marinaden.
d) Låt det marinera i minst 30 minuter, eller gärna över natten i kylen.
e) I en stor ugnsform eller stekpanna, arrangera det marinerade köttet, potatisen, sötpotatisen, majs, favabönor, gröna ärtor och bondbönor.
f) Täck bakformen tätt med aluminiumfolie, se till att den är väl försluten för att fånga ångan.
g) Placera ugnsformen i den förvärmda ugnen och tillaga i cirka 2 till 3 timmar, eller tills köttet är mört och potatisen och sötpotatisen är genomstekt.
h) Ta försiktigt bort folien och kontrollera att ingredienserna är klara.
i) Fortsätt vid behov att grädda utan lock i några minuter tills allt är helt genomstekt och fint brynt.
j) När den är tillagad, ta ut pachamancaen från ugnen och låt den vila i några minuter.
k) Servera pachamancaen på ett stort fat, garnerat med färsk hackad koriander.

39.Carne a la Tacneña/Tacna-stil nötkött

INGREDIENSER:
- 1,5 pund nötkött, skuren i lagom stora bitar
- 1 lök, finhackad
- 2 vitlöksklyftor, hackade
- 1 röd paprika, tunt skivad
- 1 gul paprika, tunt skivad
- 1 tomat, tärnad
- 2 msk. av vegetabilisk olja
- 1 msk. av ají panca pasta (peruansk röd chilipasta) eller ersätt med tomatpuré
- 1 tsk. av malen spiskummin
- 1 tsk. av torkad oregano
- 1 kopp nötbuljong
- 1 kopp torrt vitt vin
- Salta och peppra efter smak
- Färsk koriander till garnering
- Kokt vitt ris till servering

INSTRUKTIONER:
a) Värm den vegetabiliska oljan på medelvärme i en stor gryta eller holländsk ugn.
b) Tillsätt den hackade löken och den hackade vitlöken i grytan och fräs tills löken blir genomskinlig och vitlöken doftar.
c) Tillsätt nötköttet i grytan och koka tills det fått färg på alla sidor.
d) Rör ner ají pancapasta (eller tomatpuré), mald spiskummin och torkad oregano.
e) Koka i en minut för att rosta kryddorna.
f) Tillsätt den skivade röda och gula paprikan och tärnad tomat i grytan. Rör om väl för att kombinera.
g) Häll i nötbuljongen och vitt vin.
h) Krydda med salt och peppar efter smak.
i) Koka upp blandningen, sänk sedan värmen till låg och låt den sjuda i cirka 1,5 till 2 timmar, eller tills nötköttet är mört och smakerna har smält samman. Rör om då och då och tillsätt mer buljong eller vatten om det behövs för att behålla önskad konsistens.
j) När nötköttet är mört tar du bort grytan från värmen.
k) Servera nötköttet Carne a la Tacneña/Tacna-stil varmt över kokt vitt ris.
l) Garnera varje portion med färsk koriander.

40. Seco de Cordero/Lammgryta

INGREDIENSER:
- 2 pund lammgryta kött, skuren i bitar
- 2 msk. vegetabilisk olja
- 1 lök, finhackad
- 3 vitlöksklyftor, hackade
- 2 msk. ají amarillopasta
- 1 tsk. mald kummin
- 1 tsk. torkad oregano
- 1 kopp mörk öl (som stout eller ale)
- 2 dl nöt- eller grönsaksbuljong
- 2 koppar tärnade tomater (färska eller konserverade)
- 1/2 kopp hackad koriander
- 2 koppar frysta eller färska gröna ärtor
- 4 medelstora potatisar, skalade och delade i fjärdedelar
- Salt att smaka
- Peppar, efter smak

INSTRUKTIONER:
a) Värm vegetabilisk olja i en stor gryta eller holländsk ugn på medelvärme.
b) Lägg i lammgrytan och stek tills det fått färg på alla sidor. Ta bort köttet från grytan och ställ det åt sidan.
c) Tillsätt hackad lök och hackad vitlök i samma gryta. Fräs tills löken blir genomskinlig.
d) Rör i ají amarillo-pastan, mald spiskummin och torkad oregano.
e) Koka ytterligare en minut så att smakerna smälter samman.
f) Lägg tillbaka lammgrytan i grytan och häll i det mörka ölet. Låt blandningen sjuda och koka i några minuter så att alkoholen får avdunsta.
g) Tillsätt nöt- eller grönsaksbuljongen och tärnade tomater i grytan. Koka upp blandningen, sänk sedan värmen till låg, täck grytan och låt sjuda i cirka 1 timme, eller tills lammet är mört.
h) Rör ner hackad koriander, gröna ärtor och kvartad potatis. Fortsätt att sjuda i ytterligare 15-20 minuter, eller tills potatisen är genomstekt och smakerna har smält samman.
i) Krydda med salt och peppar efter smak. Justera kryddningen och tjockleken på såsen efter dina önskemål genom att tillsätta mer buljong om så önskas.
j) Servera Seco de Cordero/Lammgrytan varm, tillsammans med ångkokt ris och en sida av avokadoskivor.

41. Lomo Saltado / Wokad nötkött

INGREDIENSER:
- 1 pund nötbiff, skuren i tunna strimlor
- 2 msk. vegetabilisk olja
- 1 rödlök, skivad
- 2 tomater, skivade i klyftor
- 1 gul paprika, skivad
- 1 grön paprika, skivad
- 3 vitlöksklyftor, hackade
- 2 msk. Soja sås
- 2 msk. rödvinsvinäger
- 1 tsk. spiskummin pulver
- Salt att smaka
- Nymalen svartpeppar, efter smak
- 1/4 kopp hackad färsk koriander
- Pommes frites, kokta, för servering
- Ångat vitt ris, till servering

INSTRUKTIONER:
a) Värm vegetabilisk olja på hög värme i en stor stekpanna eller wok.
b) Tillsätt nötköttsstrimlorna i den heta oljan och stek tills de fått färg på alla sidor.
c) Ta bort köttet från stekpannan och ställ åt sidan.
d) Lägg i den skivade rödlöken i samma stekpanna och koka tills den mjuknat något.
e) Tillsätt tomater, paprika och hackad vitlök i stekpannan. Fräs i några minuter tills grönsakerna är knapriga.
f) Lägg tillbaka det kokta nötköttet i stekpannan och blanda väl med grönsakerna.
g) I en liten skål, vispa ihop sojasås, rödvinsvinäger, spiskumminpulver, salt och svartpeppar. Häll denna sås över nötköttet och grönsakerna i stekpannan. Rör om så att allt blir jämnt.
h) Koka i ytterligare 2-3 minuter, låt smakerna smälta samman.
i) Ta kastrullen från värmen och strö färsk koriander över Lomo Saltado.
j) Servera Lomo Saltado varm, tillsammans med kokta pommes frites och ångat vitt ris.

42. Tacacho con Cecina/stekt banan och torkat kött

INGREDIENSER:
- 4 gröna plantains
- 14 oz. cecina (saltad och rökt sidfläsk)
- Vegetabilisk olja för stekning
- Salt att smaka

INSTRUKTIONER:
a) Börja med att koka de gröna plantainerna i en stor kastrull med vatten tills de är mjuka och mjuka. Detta tar vanligtvis cirka 20-30 minuter.
b) Medan plantainerna kokar, skiva cecina i tunna strimlor eller små bitar.
c) Värm en stekpanna över medelvärme och tillsätt en liten mängd vegetabilisk olja.
d) Stek cecinan i pannan tills den blir knaprig och brynt på båda sidor. Detta tar vanligtvis cirka 5-7 minuter. Avsätta.
e) När grobladen är kokta, ta bort dem från vattnet och dra av skalet. De ska vara mjuka och lätta att hantera.
f) Lägg de skalade kobananerna i en stor skål och mosa dem med en potatisstöt eller gaffel tills de är jämna och fria från klumpar.
g) Krydda de mosade plantainerna med salt efter smak och blanda väl.
h) Dela de mosade plantainerna i lika delar och forma dem till runda bollar eller biffar.
i) Hetta upp en stekpanna eller stekpanna på medelvärme och tillsätt tillräckligt med vegetabilisk olja för att täcka botten.
j) Lägg grobladbollarna eller biffarna på den heta pannan och platta till dem något med en spatel. Stek dem tills de blir gyllenbruna och krispiga på båda sidor. Detta tar vanligtvis cirka 5 minuter per sida.
k) Ta bort de stekta tacachosna från pannan och låt dem rinna av på hushållspapper för att få bort överflödig olja.
l) Servera tacachosen med den knapriga cecinan ovanpå. Du kan också servera den med en sida av salsa criolla (en traditionell peruansk lök- och limesalsa) eller aji (kryddig peruansk sås).

43. Adobo/marinerad fläskgryta

INGREDIENSER:
- 2 kg fläsk eller kycklingbitar
- 4 vitlöksklyftor, hackade
- 2 msk. vegetabilisk olja
- 1/4 kopp vit vinäger
- 2 msk. Soja sås
- 2 msk. aji panca pasta (peruansk röd paprikapasta)
- 1 tsk. mald kummin
- 1 tsk. torkad oregano
- 1/2 tsk. malen svartpeppar
- 1/2 tsk. salt eller efter smak

INSTRUKTIONER:
a) I en skål, kombinera hackad vitlök, vegetabilisk olja, vit vinäger, sojasås, aji panca pasta, spiskummin, torkad oregano, svartpeppar och salt.
b) Blanda väl till en marinad.
c) Lägg fläskaxeln eller kycklingbitarna i ett grunt fat eller en Ziploc-påse. Häll marinaden över köttet och se till att det är väl täckt.
d) Täck skålen eller förslut påsen och ställ i kylen i minst 2 timmar, eller helst över natten, så att smakerna tränger in i köttet.
e) Förvärm din grill eller ugn till medelhög värme.
f) Om du använder en grill, ta bort köttet från marinaden och grilla på medelhög värme tills det är genomstekt och fint förkolnat på utsidan.
g) Om du använder en ugn, placera det marinerade köttet på en plåt och stek vid 400°F (200°C) i cirka 25-30 minuter, eller tills köttet är genomstekt och brynt.
h) När det är tillagat tar du bort köttet från värmen och låter det vila några minuter innan du skivar eller serverar det.

44.Causa de Pollo (peruansk kyckling- och potatisgryta)

INGREDIENSER:
FÖR CAUSA:
- 4 stora gula potatisar
- 1/4 kopp limejuice
- 2 matskedar vegetabilisk olja
- 1 tsk aji amarillopasta (peruansk gul chilipasta)
- 1 kopp kokt kyckling, strimlad
- 1 avokado, skivad
- 2 hårdkokta ägg, skivade
- Salta och peppra efter smak

FÖR AJI AMARILLO-SÅSEN:
- 2 aji amarillo-peppar, kärnade och urgjorda
- 2 matskedar vegetabilisk olja
- 1/4 kopp queso fresco (peruansk färskost)
- 1/4 kopp indunstad mjölk
- Salta och peppra efter smak

INSTRUKTIONER:
För Causa:
a) Koka potatisen tills den är mjuk och lätt kan mosas.
b) Skala och mosa potatisen medan den fortfarande är varma.
c) Tillsätt limejuice, vegetabilisk olja, aji amarillopasta, salt och peppar. Blanda väl till en smidig potatisdeg.
d) Dela potatisdegen i små portioner.
e) Platta till en del av degen och lägg på ett lager strimlad kyckling.
f) Toppa med ytterligare ett lager potatisdeg.
g) Garnera med avokadoskivor och hårdkokta äggskivor.
h) Servera kyld.

För Aji Amarillo-såsen:
i) I en mixer, kombinera aji amarillo-peppar, vegetabilisk olja, queso fresco, indunstad mjölk, salt och peppar. Mixa tills du har en krämig sås.
j) Servera Causa de Pollo med en klick Aji Amarillo-sås.

45. Cordero a la Nortena (lamm i nordlig stil)

INGREDIENSER:
- 2 lbs lammaxel eller ben, skuren i bitar
- 1/4 kopp vegetabilisk olja
- 1 rödlök, finhackad
- 2 vitlöksklyftor, hackade
- 2 msk aji amarillopasta (peruansk gul chilipasta)
- 1 kopp chicha de jora (peruansk jäst majsöl)
- 2 dl frysta eller färska ärtor
- 2 dl vitt ris
- 2 koppar vatten
- Salta och peppra efter smak

INSTRUKTIONER:
a) Värm vegetabilisk olja i en stor gryta och bryn lammbitarna.
b) Tillsätt finhackad lök, hackad vitlök och aji amarillo-pasta. Koka tills löken är mjuk.
c) Häll i chicha de jora och låt sjuda tills lammet är mört och såsen tjocknar.
d) Koka det vita riset i en separat kastrull med vatten, salt och peppar.
e) Servera lammet över kokt ris, garnerat med ärtor.

46. Anticuchos / Grillat nötkötthjärta Grillspett

INGREDIENSER:
- 1,5 pund oxhjärta eller ryggbiff, skuren i lagom stora bitar
- 1/4 kopp rödvinsvinäger
- 3 msk. vegetabilisk olja
- 2 vitlöksklyftor, hackade
- 1 msk. mald kummin
- 1 msk. paprika
- 1 tsk. torkad oregano
- 1 tsk. Chili pulver
- Salt att smaka
- Nymalen svartpeppar, efter smak
- Träspett, blötlagda i vatten i minst 30 minuter
- Salsa de Aji (peruansk chilisås), för servering

INSTRUKTIONER:
a) I en stor skål, kombinera rödvinsvinäger, vegetabilisk olja, hackad vitlök, mald spiskummin, paprika, torkad oregano, chilipulver, salt och svartpeppar.
b) Blanda väl för att skapa marinaden.
c) Tillsätt nötköttshjärtat eller ryggbiffbitarna i marinaden och rör om för att täcka köttet ordentligt.
d) Täck skålen och låt den marinera i kylen i minst 2 timmar, eller helst över natten, så att smakerna får utvecklas.
e) Förvärm din grill eller broiler till medelhög värme.
f) Trä de marinerade nötköttsbitarna på de blötlagda träspettena, lämna ett litet utrymme mellan varje bit.
g) Grilla eller stek anticuchos i cirka 3-4 minuter per sida, eller tills köttet är tillagat till önskad nivå av stekhet.
h) Vänd spetten då och då för jämn tillagning.
i) Ta bort de kokta anticuchosna från grillen eller broilern och låt dem vila några minuter innan servering.
j) Servera anticuchos varma, tillsammans med Salsa de Aji, en traditionell peruansk chilisås, för doppning.

FJÄDERFÄN

47. Estofado de Pollo/Kycklinggryta

INGREDIENSER:
- 2 pund kycklingbitar (ben, lår eller en hel kyckling skuren i bitar)
- 2 msk. vegetabilisk olja
- 1 lök, finhackad
- 2 vitlöksklyftor, hackade
- 1 röd paprika, skivad
- 1 gul paprika, skivad
- 2 tomater, tärnade
- 2 msk. tomatpuré
- 1 dl kycklingbuljong
- 1 kopp frysta gröna ärtor
- 1 tsk. mald kummin
- 1 tsk. paprika
- 1 tsk. torkad oregano
- Salta och peppra efter smak
- Färsk koriander eller persilja, hackad (för garnering)

INSTRUKTIONER:
a) Krydda kycklingbitarna med salt och peppar.
b) Värm den vegetabiliska oljan på medelvärme i en stor gryta eller holländsk ugn.
c) Lägg i kycklingbitarna och bryn dem på alla sidor. Ta ut kycklingen från grytan och ställ den åt sidan.
d) Tillsätt hackad lök, hackad vitlök och skivad paprika i samma gryta. Fräs tills grönsakerna mjuknat.
e) Tillsätt de tärnade tomaterna och tomatpurén i grytan och koka i några minuter tills tomaterna bryts ner och släpper saften.
f) Lägg tillbaka kycklingbitarna i grytan tillsammans med eventuell ackumulerad juice. Rör om för att täcka kycklingen med grönsaks- och tomatblandningen.
g) Häll i kycklingbuljongen och tillsätt mald spiskummin, paprika, torkad oregano, salt och peppar. Rör om för att kombinera.
h) Koka upp grytan, sänk sedan värmen till låg och täck grytan. Låt det puttra i ca 30-40 minuter, eller tills kycklingen är genomstekt och mör.
i) Tillsätt de frysta gröna ärtorna i grytan och koka i ytterligare 5 minuter.
j) Smaka av och justera kryddningen om det behövs.
k) Ta kastrullen från värmen och låt stå i några minuter.
l) Servera Estofado de Pollo/Kycklinggrytan varm, garnerad med färsk koriander eller persilja.
m) Komplettera grytan med ris eller potatis och njut av den smakrika och tröstande Estofado de Pollo/Chicken Stew.

48.Arroz med Pato/Ankoris

INGREDIENSER:
- 1 hel anka, skuren i portionsbitar
- 2 koppar långkornigt ris
- 4 koppar kycklingbuljong
- 1 kopp öl (gärna en ljus lager)
- 1 knippe färsk koriander, stjälkarna borttagna
- 1 lök, hackad
- 4 vitlöksklyftor, hackade
- 2 msk. av vegetabilisk olja
- 1 tsk. av malen spiskummin
- 1 tsk. av paprika
- 1 msk. av aji amarillopasta (peruansk gul chilipasta) (valfritt)
- Salta och peppra efter smak
- Skivad rödlök och limeklyftor till garnering

INSTRUKTIONER:
a) Värm vegetabilisk olja på medelvärme i en stor gryta.
b) Tillsätt den hackade löken och hackad vitlök och fräs tills löken blir genomskinlig.
c) Lägg ankbitarna i grytan och koka tills de fått färg på alla sidor.
d) Tillsätt mald spiskummin, paprika och aji amarillo-pasta (om du använder den) och rör om för att belägga ankan med kryddorna.
e) Häll i ölen och koka i några minuter så att alkoholen får avdunsta.
f) Tillsätt kycklingbuljongen i grytan och låt koka upp. Sänk värmen till låg, täck grytan och låt ankan puttra i cirka 1 till 1,5 timme eller tills den blivit mjuk. Skumma bort överflödigt fett eller föroreningar som kommer upp till ytan under tillagningen.
g) Medan ankan kokar, mixa koriander med lite vatten i en mixer eller matberedare tills du har en slät puré.
h) När ankan är mjuk, ta bort den från grytan och ställ den åt sidan. Spara matlagningsvätskan.
i) Värm 2 msk i en separat gryta. av vegetabilisk olja på medelvärme.
j) Tillsätt riset och rör om för att täcka det med oljan.
k) Häll i den reserverade matlagningsvätskan från ankan, tillsammans med tillräckligt med vatten för att göra totalt 4 koppar vätska (justera efter behov).
l) Krydda med salt och peppar efter smak.
m) Rör ner korianderpurén och låt vätskan koka upp. Sänk värmen till låg, täck grytan och låt riset puttra i cirka 20-25 minuter eller tills det är kokt och vätskan absorberats.
n) Medan riset kokar, strimla det kokta ankköttet med två gafflar eller händerna, kassera benen och överflödigt fett.
o) När riset är kokt, fluffa det med en gaffel och blanda försiktigt i det strimlade ankköttet.
p) Justera kryddningen om det behövs och låt smakerna smälta ihop i några minuter.
q) Servera Arroz con Pato/Anka Rice varmt, garnerat med skivad rödlök och limeklyftor vid sidan av.

49. Pollo a la Brasa/Rotisserie Chicken

INGREDIENSER:
- 1 hel kyckling, cirka 3-4 pund
- 4 vitlöksklyftor, hackade
- 2 msk. vegetabilisk olja
- 2 msk. Soja sås
- 2 msk. vit vinäger
- 1 msk. paprika
- 1 msk. kummin
- 1 msk. torkad oregano
- 1 tsk. svartpeppar
- 1 tsk. salt
- Saft av 1 lime
- Kol- eller gasgrill

INSTRUKTIONER:
a) I en skål, kombinera hackad vitlök, vegetabilisk olja, sojasås, vit vinäger, paprika, spiskummin, torkad oregano, svartpeppar, salt och limejuice.
b) Blanda väl för att skapa marinaden.
c) Lägg hela kycklingen i en stor ziplock-påse eller en behållare med lock. Häll marinaden över kycklingen, se till att den är väl täckt.
d) Stäng påsen eller täck behållaren och ställ i kylen i minst 4 timmar, eller helst över natten, så att smakerna kan tränga in i kycklingen.
e) Förvärm din grill till medelhög värme. Om du använder kol, vänta tills kolen är vita och glödande.
f) Ta ut den marinerade kycklingen ur kylen och låt den stå i rumstemperatur i cirka 30 minuter innan du grillar.
g) Lägg kycklingen på grillen med bröstsidan nedåt.
h) Koka i cirka 20-25 minuter, vänd sedan kycklingen och koka i ytterligare 20-25 minuter. Fortsätt grilla, vänd då och då, tills kycklingen når en innertemperatur på 75 °C och skalet är gyllenbrunt och krispigt.
i) När den är tillagad tar du bort kycklingen från grillen och låter den vila några minuter innan du skär den.
j) Skiva Pollo a la Brasa/Rotisserie Chicken i portionsbitar, såsom ben, vingar och bröstsektioner.
k) Servera Pollo a la Brasa/Rotisserie Chicken varm med ditt val av sidor, såsom pommes frites, sallad eller ris.

50.Aji de Gallina /Kyckling i Aji-pepparsås

INGREDIENSER:
- 2 pund benfria kycklingbröst eller lår
- 4 dl kycklingbuljong
- 2 msk. vegetabilisk olja
- 1 medelstor lök, hackad
- 3 vitlöksklyftor, hackade
- 2 gula ají-peppar (eller ersätt med jalapeñopeppar), kärnade och finhackade
- 2 tsk. mald kummin
- 1 tsk. gurkmeja
- 1 kopp indunstad mjölk
- 1 dl riven parmesanost
- 1 dl hackade valnötter
- 1/2 kopp svarta oliver, skivade
- Salt att smaka
- Nymalen svartpeppar, efter smak
- Kokt vitt ris, till servering
- Hårdkokta ägg, skivade, till garnering
- Färsk persilja eller koriander, hackad, till garnering

INSTRUKTIONER:
a) Koka upp kycklingbröst eller lår och kycklingbuljong i en stor gryta.
b) Sänk värmen till låg, täck över och låt sjuda i cirka 20 minuter eller tills kycklingen är helt genomstekt.
c) Ta ut kycklingen från grytan, spara buljongen.
d) Låt kycklingen svalna något och strimla den sedan i lagom stora bitar. Avsätta.
e) Värm vegetabilisk olja på medelhög värme i en stor stekpanna.
f) Tillsätt den hackade löken och hackad vitlök och fräs tills löken blir genomskinlig och doftande.
g) Tillsätt hackad ají-peppar, mald spiskummin och gurkmejapulvret i stekpannan.
h) Koka i några minuter, rör om då och då, så att smakerna smälter samman.
i) Häll i den reserverade kycklingbuljongen, evaporerad mjölk, riven parmesanost och hackade valnötter.
j) Rör om väl för att kombinera alla ingredienser.
k) Låt blandningen sjuda och koka i cirka 10 minuter, eller tills såsen tjocknar något.
l) Tillsätt den strimlade kycklingen och de skivade svarta oliverna i stekpannan.
m) Rör om så att kycklingen täcks jämnt med såsen.
n) Koka i ytterligare 5 minuter, låt smakerna blandas.
o) Smaka av med salt och nymalen svartpeppar efter smak.
p) Servera Aji de Gallina varm över kokt vitt ris. Garnera med skivade hårdkokta ägg och färsk hackad persilja eller koriander.

51. Causa de Pollo/Chicken Causa

INGREDIENSER:
POTATISLAG
- 2 pund gul potatis, skalad och kokad tills den är mjuk
- 1/4 kopp vegetabilisk olja
- 2-3 msk. av limejuice
- 1-2 tsk. av gul chilipasta (aji amarillo pasta)
- Salt att smaka

KYCKLINGSALADSFYLLNING
- 2 koppar kokt kycklingbröst, strimlad
- 1/2 kopp majonnäs
- 1 msk. av limejuice
- 1 msk. av gul chilipasta (aji amarillo pasta)
- 1/2 kopp finhackad rödlök
- 1/4 kopp finhackad koriander
- Salta och peppra efter smak

MONTERING OCH GARNERING
- Avokadoskivor
- Hårdkokta ägg, skivade
- Svarta oliver
- Salladsblad
- Ytterligare gul chilipasta för dekoration

INSTRUKTIONER:

a) Mosa den kokta gula potatisen i en stor skål med en potatisstöt eller gaffel tills den är slät och fri från klumpar.

b) Tillsätt vegetabilisk olja, limejuice, gul chilipasta och salt till potatismoset.

c) Blanda väl tills alla ingredienser är blandade och potatisen har en slät, krämig konsistens. Smaka av och justera kryddningen om det behövs.

d) I en annan skål, kombinera det strimlade kycklingbröstet, majonnäsen, limejuice, gul chilipasta, rödlök, koriander, salt och peppar.

e) Blanda väl så att kycklingen blir jämnt täckt med dressingen.

f) Klä ett rektangulärt eller fyrkantigt fat med plastfolie, lämna tillräckligt med överhäng på sidorna för att enkelt kunna tas bort.

g) Fördela ett lager av potatismoset jämnt på botten av skålen, ca 1/2 tum tjock.

h) Lägg ett lager av kycklingsalladsblandningen ovanpå potatislagret, fördela det jämnt över.

i) Upprepa processen, varva lager med potatismos och kycklingsallad tills alla ingredienser är använda, avsluta med ett lager potatismos ovanpå.

j) Täck skålen med den överhängande plastfolien och låt stå i kylen i minst 2 timmar så att smakerna smälter samman och kausan stelnar.

k) När den är kyld och stelnad tar du bort plastfolien och vänd försiktigt upp causaen på ett serveringsfat.

l) Garnera toppen av causaen med avokadoskivor, hårdkokta äggskivor, svarta oliver och salladsblad.

m) Ringla dekorativt gul chilipasta över toppen för extra färg och smak.

n) Skiva causaen i enskilda portioner och servera kyld.

52.Arroz Chaufa/peruanskt stekt ris

INGREDIENSER:
- 3 dl kokt vitt ris, gärna dagsgammalt och kylt
- 1 kopp tillagad kyckling eller fläsk, tärnad
- 1 dl kokta räkor, skalade och rensade
- 1/2 kopp frysta ärtor och morötter, tinade
- 1/2 kopp tärnad lök
- 2 vitlöksklyftor, hackade
- 2 msk. Soja sås
- 1 msk. Ostronsås
- 1 msk. sesamolja
- 2 msk. vegetabilisk olja
- 2 ägg, lätt vispade
- Salta och peppra efter smak
- Skivad salladslök, till garnering

INSTRUKTIONER:
a) Värm vegetabilisk olja i en stor stekpanna eller wok på medelhög värme.
b) Tillsätt den hackade löken och den hackade vitlöken i pannan och fräs i några minuter tills de doftar och mjuknar något.
c) Skjut löken och vitlöken till ena sidan av pannan och häll de vispade äggen i den andra sidan. Vispa ihop äggen tills de är genomstekta och blanda dem sedan med lök och vitlök.
d) Tillsätt tärnad kyckling eller fläsk, kokta räkor, tinade ärtor och morötter i pannan. Rör om i några minuter tills ingredienserna är genomvärmda.
e) Tillsätt det kylda kokta riset i pannan och bryt upp eventuella klumpar med en spatel. Stek riset med de andra ingredienserna, fördela dem jämnt över riset.
f) Ringla sojasås, ostronsås och sesamolja över riset. Rör om väl för att kombinera och belägg riset jämnt med såserna.
g) Krydda Arroz Chaufa/Peruvian Fried Rice med salt och peppar efter smak. Justera mängden krydda och sås efter dina önskemål.
h) Fortsätt att steka riset i ytterligare några minuter tills det är väl uppvärmt och smakerna har smält samman.
i) Ta bort Arroz Chaufa/Peruvian Fried Rice från värmen och garnera med skivad salladslök.
j) Servera Arroz Chaufa/peruanska stekt ris varmt som huvudrätt eller som tillbehör med ytterligare sojasås eller chilisås vid sidan om, om så önskas.

53. Arroz con Pollo (peruansk kyckling och ris)

INGREDIENSER:
- 2 koppar långkornigt ris
- 4 kycklingbensfjärdedelar, skin-on och ben-in
- 2 matskedar vegetabilisk olja
- 1/2 kopp tärnad röd paprika
- 1/2 kopp tärnad grön paprika
- 1/2 kopp tärnad rödlök
- 2 vitlöksklyftor, hackade
- 2 msk aji amarillopasta (peruansk gul chilipasta)
- 2 dl kycklingbuljong
- 1/2 kopp frysta ärtor
- 1/2 kopp tärnade morötter
- 1/2 kopp tärnade gröna bönor
- 1/4 kopp färsk koriander, hackad
- Salta och peppra efter smak

INSTRUKTIONER:
a) Värm vegetabilisk olja i en stor gryta och bryn kycklingbenen på alla sidor. Ta bort och ställ åt sidan.
b) I samma gryta, fräs tärnad röd och grön paprika, tärnad rödlök och hackad vitlök tills den mjuknat.
c) Rör ner aji amarillo-pasta och koka några minuter.
d) Lägg tillbaka kycklingen i grytan, tillsätt riset och häll i kycklingbuljongen. Krydda med salt och peppar.
e) Tillsätt frysta ärtor, tärnade morötter och tärnade gröna bönor. Blanda väl.
f) Täck över och låt sjuda tills kycklingen är kokt och riset är mört.
g) Garnera med färsk koriander innan servering.

54.Pappa a la Huancaína con Pollo

INGREDIENSER:
FÖR HUANCAÍNA-SÅSEN:
- 2 aji amarillo-peppar, kärnade och urgjorda
- 2 vitlöksklyftor, hackade
- 1 kopp queso fresco (peruansk färskost)
- 1/2 kopp indunstad mjölk
- 4 läskkex
- 2 matskedar vegetabilisk olja
- Salta och peppra efter smak

FÖR Kycklingen:
- 4 benfria, skinnfria kycklingbröst
- 1/4 kopp vegetabilisk olja
- Salta och peppra efter smak

FÖR POTATISEN:
- 4 stora gula potatisar, kokta och skivade
- Salladsblad till servering
- Svarta oliver till garnering
- Hårdkokta ägg, skivade

INSTRUKTIONER:

a) I en mixer, kombinera aji amarillo-peppar, hackad vitlök, queso fresco, indunstad mjölk, läskkex, vegetabilisk olja, salt och peppar. Mixa tills du har en krämig Huancaínasås.

b) Krydda kycklingbrösten med salt och peppar, grilla eller stek sedan tills de är genomstekta.

c) Servera kycklingen över salladsblad, toppa med kokta potatisskivor och ringla Huancaínasås över kycklingen och potatisen.

d) Garnera med hårdkokta äggskivor och svarta oliver.

55. Aguadito de Pollo (peruansk kyckling- och rissoppa)

INGREDIENSER:
- 4 ben med skinn på kycklinglår
- 1 kopp långkornigt ris
- 8 dl kycklingbuljong
- 1/2 kopp gröna ärtor
- 1/2 kopp majskärnor (färska eller frysta)
- 1/2 kopp hackad koriander
- 1/2 kopp tärnad rödlök
- 2 vitöksklyftor, hackade
- 1 aji amarillopeppar, kärnad och finhackad (valfritt för värme)
- 2 matskedar vegetabilisk olja
- Salta och peppra efter smak
- Limeklyftor till servering

INSTRUKTIONER:
a) Värm vegetabilisk olja på medelhög värme i en stor gryta.
b) Lägg i kycklinglår och bryn dem på båda sidor.
c) Tillsätt tärnad rödlök, hackad vitlök och aji amarillo (om du använder) och koka tills löken är mjuk.
d) Rör ner ris och koka några minuter.
e) Häll i kycklingbuljong och låt koka upp.
f) Sänk värmen till en sjud och tillsätt gröna ärtor, majs och hackad koriander.
g) Sjud tills riset är kokt och soppan har tjocknat något.
h) Servera med limeklyftor för att pressa över soppan.

56.Kyckling och potatis Pachamanca

INGREDIENSER:
- 4 urbenade kycklingbitar med skinn
- 4 stora gula potatisar, skalade och halverade
- 2 dl limabönor, skalade
- 4 majsax, skalade och skurna i skivor
- 1/2 kopp aji panca pasta (peruansk röd chilipasta)
- 1/2 kopp chicha de jora (peruansk jäst majsöl)
- 1/4 kopp vegetabilisk olja
- 2 msk pressad vitlök
- 2 msk mald spiskummin
- 2 matskedar torkad oregano
- Bananlöv
- Salta och peppra efter smak

INSTRUKTIONER:
a) I en stor blandningsskål, kombinera aji panca pasta, chicha de jora, vegetabilisk olja, pressad vitlök, mald spiskummin, torkad oregano, salt och peppar för att göra en marinad.
b) Gnid in kycklingbitarna och potatisen med marinaden och låt stå i ca 1 timme.
c) Placera bananblad på botten av en underjordisk ugn eller en stor ugnsform.
d) Lägg den marinerade kycklingen, potatisen, limabönorna och majsrundorna på bananbladen.
e) Täck med fler bananblad.
f) Grädda i underjordisk ugn eller vanlig ugn vid låg temperatur (cirka 300°F eller 150°C) i flera timmar tills allt är genomstekt och mört.
g) Servera varm.

57.Aji de Pollo (kyckling i kryddig Aji-sås)

INGREDIENSER:
- 4 benfria, skinnfria kycklingbröst, skurna i strimlor
- 1/2 kopp aji amarillosås (peruansk gul chilisås)
- 2 matskedar vegetabilisk olja
- 1 rödlök, tunt skivad
- 2 vitlöksklyftor, hackade
- 2 dl kycklingbuljong
- 2 msk jordnötter, rostade och malda
- 1/2 kopp queso fresco (peruansk färskost), smulad
- 4 koppar kokt vitt ris
- Salta och peppra efter smak

INSTRUKTIONER:
a) Värm vegetabilisk olja på medelvärme i en stor stekpanna.
b) Lägg i skivad rödlök och hackad vitlök. Fräs tills löken är mjuk.
c) Lägg i kycklingstrimlorna och koka tills de fått färg.
d) Rör ner aji amarillosås och kycklingbuljong. Sjud tills kycklingen är genomstekt och såsen tjocknar.
e) Krydda med salt och peppar efter smak.
f) Servera Aji de Pollo över kokt vitt ris, garnerad med malda jordnötter och smulad queso fresco.

58.Quinotto con Pollo (Kyckling och Quinoa Risotto)

INGREDIENSER:
- 2 benfria, skinnfria kycklingbröst, skurna i tärningar
- 1 kopp quinoa
- 2 dl kycklingbuljong
- 1/2 kopp vitt vin
- 1/2 dl riven parmesanost
- 1/4 kopp hackad färsk koriander
- 1/4 kopp tärnad röd paprika
- 1/4 kopp tärnade gröna ärtor
- 2 matskedar vegetabilisk olja
- Salta och peppra efter smak

INSTRUKTIONER:
a) Värm vegetabilisk olja i en stor panna och koka kycklingtärningarna tills de är bruna och genomstekta. Ta bort från pannan och ställ åt sidan.
b) Tillsätt quinoa i samma panna och rosta den i några minuter.
c) Häll i vitt vin och låt sjuda tills det mestadels absorberats.
d) Tillsätt gradvis kycklingbuljong, rör om tills quinoan är kokt och krämig.
e) Rör ner riven parmesanost, hackad koriander, tärnad röd paprika och tärnade gröna ärtor.
f) Krydda med salt och peppar.
g) Servera Quinotton med den kokta kycklingen ovanpå.

MARSVIN

59.Picante de Cuy/Marsvinsgryta

INGREDIENSER:

- 2 marsvin, rengjorda och skurna i portionsbitar
- 1 kopp aji panca pasta (peruansk röd chilipasta)
- 1/2 kopp vegetabilisk olja
- 2 lökar, fint hackade
- 4 vitlöksklyftor, hackade
- 2 msk. av malen spiskummin
- 2 msk. av torkad oregano
- 2 dl kyckling- eller grönsaksbuljong
- 4 potatisar, skalade och skurna i bitar
- 2 morötter, skalade och skivade
- 1 kopp gröna ärtor (färska eller frysta)
- Salta och peppra efter smak
- Färsk koriander till garnering
- Kokt vitt ris till servering

INSTRUKTIONER:
a) Marinera marsvinsbitarna i en stor skål med aji panca-pastan, och se till att de är jämnt belagda. Låt det marinera i minst 30 minuter, eller gärna över natten i kylen.
b) Värm den vegetabiliska oljan på medelvärme i en stor gryta eller holländsk ugn.
c) Tillsätt hackad lök och hackad vitlök i grytan och fräs tills löken blir genomskinlig och vitlöken doftar.
d) Rör ner malen spiskummin och torkad oregano och koka i en minut för att släppa smakerna.
e) Lägg i de marinerade marsvinsbitarna i grytan och bryn dem på alla sidor i några minuter.
f) Häll i kyckling- eller grönsaksbuljongen och smaka av med salt och peppar.
g) Täck grytan och låt marsvinet puttra på låg värme i cirka 1 till 1,5 timme, eller tills köttet är mört och genomstekt. Rör om då och då och tillsätt mer buljong om det behövs.
h) Koka potatisen och morötterna i saltat vatten tills de är mjuka i en separat kastrull. Häll av och ställ åt sidan.
i) När marsvinet är kokt, tillsätt den kokta potatisen, morötterna och gröna ärtorna i grytan. Rör om försiktigt för att kombinera.
j) Fortsätt koka i ytterligare 10 minuter, låt smakerna smälta samman.
k) Ta grytan från värmen och låt den vila några minuter innan servering.
l) Servera Picante de Cuy/Marsvinsgrytan varm, garnerad med färsk koriander.
m) Komplettera med kokt vitt ris.

60. Cuy Chactado (stekt marsvin)

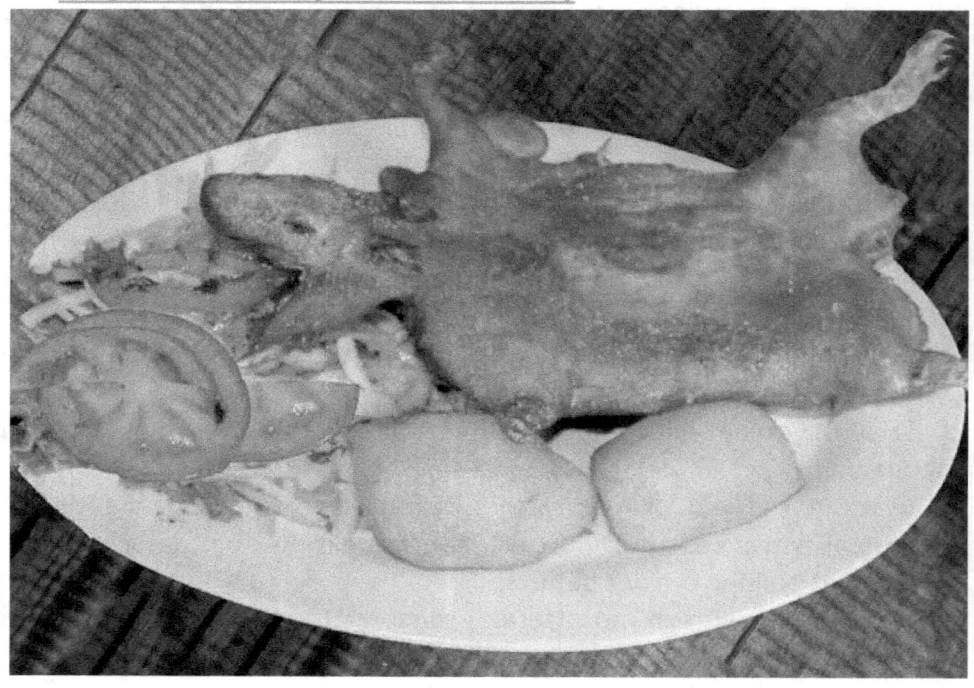

INGREDIENSER:

- 2 marsvin, klädda och skurna i bitar
- 1 kopp aji amarillosås (peruansk gul chilisås)
- 1 kopp vegetabilisk olja
- 1 kopp majsstärkelse
- 1 kopp kokt gul potatis, skivad
- Salladsblad till servering
- Limeklyftor till garnering
- Salta och peppra efter smak

INSTRUKTIONER:

a) Krydda marsvinsbitarna med salt och peppar.
b) Muddra varje bit i aji amarillosås och sedan i majsstärkelse för att täcka.
c) Hetta upp vegetabilisk olja i en stor panna och stek marsvinsbitarna tills de är knapriga och genomstekta.
d) Servera Cuy Chactado med kokta potatisskivor, salladsblad och limeklyftor.

61.Pachamanca de Cuy (underjordisk ugnsbakad marsvin)

INGREDIENSER:
- 2 påklädda och städade marsvin
- 4 stora potatisar, skalade och halverade
- 2 dl limabönor, skalade
- 4 majsax, skalade och skurna i skivor
- 1/2 kopp aji panca pasta (peruansk röd chilipasta)
- 1/2 kopp chicha de jora (peruansk jäst majsöl)
- 1/4 kopp vegetabilisk olja
- 2 msk pressad vitlök
- 2 msk mald spiskummin
- 2 matskedar torkad oregano
- Bananlöv
- Salta och peppra efter smak

INSTRUKTIONER:
a) I en stor blandningsskål, kombinera aji panca pasta, chicha de jora, vegetabilisk olja, pressad vitlök, mald spiskummin, torkad oregano, salt och peppar för att göra en marinad.
b) Gnid in marsvinen med marinaden och låt dem sitta i ca 1 timme.
c) Placera bananblad på botten av en underjordisk ugn eller en stor ugnsform.
d) Lägg de marinerade marsvinen, potatisen, limabönorna och majsrundorna på bananbladen.
e) Täck med fler bananblad.
f) Grädda i underjordisk ugn eller vanlig ugn vid låg temperatur (cirka 300°F eller 150°C) i flera timmar tills allt är genomstekt och mört.
g) Servera varm.

62. Cuy al Horno (stekt marsvin)

INGREDIENSER:
- 2 påklädda och städade marsvin
- 2 matskedar aji panca pasta (peruansk röd chilipasta)
- 1/4 kopp vegetabilisk olja
- 2 vitlöksklyftor, hackade
- 1/4 kopp vitt vin
- 2 tsk malen spiskummin
- 2 tsk torkad oregano
- Salta och peppra efter smak

INSTRUKTIONER:
a) I en skål, kombinera aji panca pasta, vegetabilisk olja, hackad vitlök, vitt vin, mald spiskummin, torkad oregano, salt och peppar för att skapa en marinad.
b) Gnid in marsvinen med marinaden och se till att de är väl belagda. Låt dem marinera i minst 2 timmar.
c) Värm ugnen till 350°F (175°C).
d) Lägg de marinerade marsvinen i en långpanna och rosta i den förvärmda ugnen i cirka 1 till 1,5 timme eller tills de är helt genomstekta och har en knaprig hud.
e) Servera Cuy al Horno med ditt val av peruanska sidorätter.

63.Cuy con Papa a la Huancaina

INGREDIENSER:
FÖR marsvinet:
- 2 påklädda och städade marsvin
- 1/4 kopp aji panca pasta (peruansk röd chilipasta)
- 2 matskedar vegetabilisk olja
- 2 vitlöksklyftor, hackade
- 1/4 kopp vitt vin
- 2 tsk malen spiskummin
- 2 tsk torkad oregano
- Salta och peppra efter smak

FÖR HUANCAINA-POTATISEN:
- 4 gula potatisar, kokta och skivade
- 1 kopp queso fresco (peruansk färskost)
- 1/2 kopp aji amarillosås (peruansk gul chilisås)
- 1/4 kopp indunstad mjölk
- 2 matskedar vegetabilisk olja
- Salta och peppra efter smak

INSTRUKTIONER:
a) I en skål, kombinera aji panca pasta, vegetabilisk olja, hackad vitlök, vitt vin, mald spiskummin, torkad oregano, salt och peppar för att skapa en marinad för marsvinen.
b) Gnid in marsvinen med marinaden och se till att de är väl belagda. Låt dem marinera i minst 2 timmar.
c) Värm ugnen till 350°F (175°C).
d) Lägg de marinerade marsvinen i en långpanna och rosta i den förvärmda ugnen i cirka 1 till 1,5 timme eller tills de är helt genomstekta och har en knaprig hud.
e) För Huancaina-potatisen, blanda queso fresco, aji amarillo-sås, evaporerad mjölk, vegetabilisk olja, salt och peppar tills du har en krämig sås.
f) Servera de rostade marsvinen med kokta potatisskivor översållade med Huancainasås.

64. Cuy Saltado (wokt marsvin)

INGREDIENSER:
- 2 klädda och rengjorda marsvin, skurna i bitar
- 2 matskedar vegetabilisk olja
- 1 rödlök, tunt skivad
- 1 röd paprika, skivad
- 2 tomater, skivade
- 2 vitlöksklyftor, hackade
- 1/4 kopp aji amarillopasta (peruansk gul chilipasta)
- 2 msk sojasås
- 2 msk rödvinsvinäger
- Salta och peppra efter smak

INSTRUKTIONER:
a) Värm vegetabilisk olja i en stor stekpanna eller wok på hög värme.
b) Lägg i marsvinsbitarna och fräs tills de fått färg och genomstekt. Ta bort från pannan och ställ åt sidan.
c) Lägg i skivad rödlök, röd paprika och hackad vitlök i samma kastrull. Stek tills grönsakerna är mjuka.
d) Lägg tillbaka marsvinsbitarna i pannan och tillsätt skivade tomater, aji amarillopasta, sojasås och rödvinsvinäger. Koka i några minuter.
e) Krydda med salt och peppar efter smak.
f) Servera Cuy Saltado med ångat vitt ris.

65.Cuy en Salsa de Mani (Marsvin i jordnötssås)

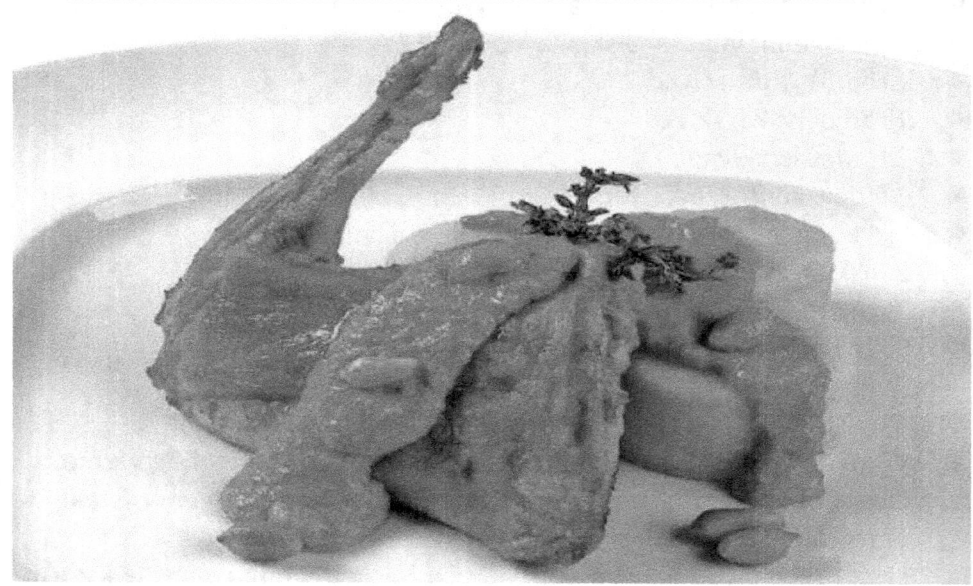

INGREDIENSER:
- 2 klädda och rengjorda marsvin, skurna i bitar
- 1/2 kopp aji panca pasta (peruansk röd chilipasta)
- 1/2 kopp vegetabilisk olja
- 2 lökar, fint hackade
- 4 vitlöksklyftor, hackade
- 1 dl rostade jordnötter, malda
- 2 dl kycklingbuljong
- 1/4 kopp indunstad mjölk
- Salta och peppra efter smak

INSTRUKTIONER:
a) I en skål, kombinera aji panca-pasta, vegetabilisk olja, finhackad lök, hackad vitlök och malda rostade jordnötter för att skapa en marinad för marsvinen.
b) Gnid in marsvinsbitarna med marinaden och se till att de är väl belagda. Låt dem marinera i minst 2 timmar.
c) Värm en stor gryta över medelvärme. Lägg i de marinerade marsvinsbitarna och koka tills de fått färg på alla sidor.
d) Häll i kycklingbuljongen och evaporerad mjölk. Sjud tills marsvinen är genomstekt och såsen tjocknar.
e) Krydda med salt och peppar efter smak.
f) Servera Cuy en Salsa de Mani med ångat vitt ris.

FISK OCH SKALDJUR

66.Trucha a la Plancha/Grillad öring

INGREDIENSER:

- 4 öringfiléer, skin-on
- 2 msk. av vegetabilisk olja
- Saften av 1 citron
- Salta och peppra efter smak
- Färska örter (som persilja eller koriander), hackade (valfritt)
- Citronklyftor till servering

INSTRUKTIONER:

a) Förvärm en grill eller värm en stor stekpanna på medelhög värme.

b) Skölj öringfiléerna under kallt vatten och klappa dem torra med hushållspapper.

c) Pensla båda sidor av öringfiléerna med vegetabilisk olja, se till att de är jämnt belagda.

d) Krydda filéerna med salt, peppar och en klick citronsaft på båda sidor.

e) Lägg öringfiléerna med skinnsidan nedåt på grillen eller stekpannan.

f) Koka i ca 3-4 minuter på varje sida, eller tills fisken är ogenomskinlig och lätt flagnar med en gaffel. Skalet ska vara krispigt och gyllenbrunt.

g) Ta av öringfiléerna från värmen och lägg över dem på ett serveringsfat.

h) Strö de färska örterna (om de används) över filéerna för extra smak och garnering.

i) Servera Trucha a la Plancha/Grillad öring varm, tillsammans med citronklyftor för att pressa över fisken.

j) Du kan servera den med en sida av ångade grönsaker, ris eller sallad för att avsluta måltiden.

67. Parihuela/skaldjurssoppa

INGREDIENSER:
- 1,1 pund blandad skaldjur (räkor, bläckfisk, musslor, bläckfisk, etc.)
- 1,1 pund vita fiskfiléer (som tunga, snapper eller torsk)
- 1 lök, finhackad
- 4 vitlöksklyftor, hackade
- 2 tomater, skalade och hackade
- 2 msk. av tomatpuré
- 2 msk. av vegetabilisk olja
- 1 msk. av aji amarillopasta (peruansk gul chilipasta) (valfritt)
- 4 koppar fisk- eller skaldjursbuljong
- 1 kopp vitt vin
- 1 kopp vatten
- 1 tsk. av malen spiskummin
- 1 tsk. av torkad oregano
- 1/4 kopp hackad koriander
- Salta och peppra efter smak

INSTRUKTIONER:
a) Värm vegetabilisk olja i en stor gryta eller holländsk ugn på medelvärme.
b) Tillsätt hackad lök och hackad vitlök i grytan och fräs tills de blir genomskinliga.
c) Rör ner de hackade tomaterna och tomatpurén.
d) Koka några minuter tills tomaterna mjuknat.
e) Om du använder aji amarillo-pasta, tillsätt den i grytan och blanda väl med de andra ingredienserna.
f) Häll i det vita vinet och låt det puttra ett par minuter för att minska alkoholen.
g) Tillsätt fisk- eller skaldjursbuljongen och vattnet i grytan. Låt det koka upp.
h) Skär fiskfiléerna i lagom stora bitar och lägg dem i grytan.
i) Sänk värmen till låg och låt soppan puttra i cirka 10 minuter eller tills fisken är genomstekt.
j) Tillsätt de blandade skaldjuren (räkor, bläckfisk, musslor, bläckfisk, etc.) i grytan och koka i ytterligare 5 minuter eller tills skaldjuren är kokta och mjuka.
k) Krydda Parihuela-/skalsoppan med mald spiskummin, torkad oregano, salt och peppar. Justera kryddningen efter din smak.
l) Strö den hackade koriandern över soppan och rör om försiktigt.
m) Ta grytan från värmen och låt den vila några minuter innan servering.
n) Servera Parihuela/skaldjurssoppan varm i soppskålar, tillsammans med knaprigt bröd eller kokt ris.

68. Limemarinerad rå fisk (Cebiche)

INGREDIENSER:

- 1 ½ lbs. havsabborre, hälleflundra, flundra, snapper eller annan fast fisk
- 1 rödlök, skuren i fina skivor
- ½aji amarillo chilipeppar, hackad mycket fint
- Salt
- 1 vitlöksklyfta, finhackad Saft av 12 limefrukter
- 2 msk. korianderblad, skivade
- 1 stor sötpotatis, kokt, skalad och tjockt skivad
- 12 majsöron, skivade genom ca 12" tjocka, kokta
- Salladsblad

INSTRUKTIONER:

a) Blanda fisk och lök och tvätta dem tillsammans. Dränera väl.
b) Lägg fisken i den serveringsskål du vill använda. Krydda fisken med salt, chilipeppar och vitlök.
c) Tillsätt limejuicen och ett par isbitar eller ett par matskedar isvatten.
d) Låt vila i 5 minuter, men inte längre än 45 minuter. Släng isen.
e) Strö över korianderblad. Servera genast med sallad, majs och sötpotatis.

69. Causa Rellena de Atún (Tonfisk fylld Causa)

INGREDIENSER:
FÖR CAUSA:
- 4 stora gula potatisar
- 2 matskedar vegetabilisk olja
- 1/4 kopp limejuice
- 1 tsk aji amarillopasta
- Salta och peppra efter smak

FÖR TONFISKFYLLNING:
- 1 burk tonfisk, avrunnen
- 1/4 kopp majonnäs
- 1/4 kopp finhackad rödlök
- 2 hårdkokta ägg, hackade
- Svarta oliver till garnering
- Salladsblad (valfritt)

INSTRUKTIONER:
a) Koka potatisen tills den är mjuk och lätt kan mosas.
b) Skala och mosa potatisen medan den fortfarande är varma. Tillsätt limejuice, vegetabilisk olja, aji amarillopasta, salt och peppar. Blanda väl till en smidig potatisdeg.
c) Dela potatisdegen i två lika stora delar.
d) Platta ut en portion i ett serveringsfat, skapa ett bottenskikt.
e) Blanda den avrunna tonfisken, majonnäsen, hackad rödlök och hårdkokta ägg i en separat skål.
f) Bred ut tonfiskblandningen över potatisbottenlagret.
g) Täck med den andra delen av potatisdegen.
h) Garnera med svarta oliver.
i) Servera kyld, eventuellt på en bädd av salladsblad.

70.Chupe de Camarones/Räkchowder

INGREDIENSER:
- 1 pund räkor, skalade och deveirade
- 1 msk. olivolja
- 1 lök, finhackad
- 3 vitlöksklyftor, hackade
- 1 tsk. mald kummin
- 1 tsk. torkad oregano
- 2 msk. ají amarillopasta (eller ersätt med gul chilipasta)
- 2 dl fisk- eller grönsaksbuljong
- 1 kopp indunstad mjölk
- 1 kopp frysta majskärnor
- 1 kopp tärnad potatis
- 1 kopp tärnade morötter
- 1 kopp tärnad zucchini
- 1/2 kopp ärtor
- 1/2 kopp tärnad röd paprika
- 1/2 kopp tärnad grön paprika
- 1/4 kopp hackad färsk koriander
- Salta och peppra, efter smak
- 2 ägg, vispade
- Färsk ost, smulad, till garnering
- Färsk koriander, hackad, till garnering

INSTRUKTIONER:

a) Värm olivoljan på medelvärme i en stor gryta.

b) Tillsätt den hackade löken och hackad vitlök. Fräs tills löken blir genomskinlig och vitlöken doftar.

c) Tillsätt mald spiskummin, torkad oregano och ají amarillopasta i grytan. Rör om väl för att kombinera och koka i ytterligare en minut för att släppa smakerna.

d) Tillsätt fisk- eller grönsaksbuljongen och låt det koka upp. Sänk värmen till låg och låt sjuda i cirka 10 minuter så att smakerna smälter samman.

e) Tillsätt den indunstade mjölken, frysta majskärnor, tärnad potatis, morötter, zucchini, ärtor, röd paprika, grön paprika och hackad koriander i grytan. Rör om väl och smaka av med salt och peppar.

f) Sjud blandningen i cirka 15 minuter, eller tills grönsakerna är mjuka.

g) Under tiden, i en separat panna, sautera räkorna i lite olivolja tills de blir rosa och genomstekta. Avsätta.

h) När grönsakerna är mjuka, häll sakta ner de vispade äggen i grytan under konstant omrörning. Detta kommer att skapa band av kokta ägg genom hela soppan.

i) Tillsätt de kokta räkorna i grytan och rör om försiktigt för att kombinera. Låt soppan puttra i ytterligare 5 minuter så att smakerna smälter samman.

j) Servera Chupe de Camarones/Shrimp Chowder varm, garnerad med smulad färskost och hackad färsk koriander.

71. Chupe de Pescado/Fish Chowder

INGREDIENSER:
- 1 pund vit fiskfilé (som snapper, torsk eller tilapia), skuren i lagom stora bitar
- 1 lök, finhackad
- 3 vitlöksklyftor, hackade
- 2 msk. av vegetabilisk olja
- 2 msk. av ají amarillopasta (peruansk gul chilipasta) eller ersätt med gul paprikapuré
- 2 dl fisk- eller skaldjursbuljong
- 2 koppar vatten
- 2 medelstora potatisar, skalade och tärnade
- 1 kopp frysta majskärnor
- 1 kopp indunstad mjölk
- 1 kopp färska eller frysta ärtor
- 1 kopp riven ost (som mozzarella eller cheddar)
- 2 msk. av hackad färsk koriander
- Salta och peppra efter smak
- Limeklyftor till servering

INSTRUKTIONER:
a) Värm vegetabilisk olja på medelvärme i en stor gryta.
b) Tillsätt den hackade löken och den hackade vitlöken och fräs tills löken blir genomskinlig och vitlöken doftar.
c) Rör i ají amarillo-pastan eller gul paprikapuré och låt koka i en minut för att införliva smakerna.
d) Tillsätt fisk- eller skaldjursbuljongen och vattnet i grytan och låt blandningen koka upp.
e) Tillsätt den tärnade potatisen i grytan, sänk värmen till medel-låg och låt det sjuda i cirka 10 minuter eller tills potatisen är delvis kokt.
f) Rör ner fiskfiléerna och de frysta majskärnorna. Sjud ytterligare 5-7 minuter tills fisken är genomstekt och majsen mjuk.
g) Häll i den indunstade mjölken och tillsätt ärtorna. Rör om väl för att kombinera.
h) Krydda Chupe de Pescado/Fish Chowder med salt och peppar efter smak. Justera kryddningen efter behov.
i) Strö den rivna osten över toppen av soppan. Täck grytan och låt det puttra i ytterligare 5 minuter eller tills osten smält och smakerna är väl kombinerade.
j) Ta av grytan från värmen och strö hackad koriander över soppan.
k) Servera Chupe de Pescado/Fish Chowder varm med limeklyftor på sidan för att pressa över soppan.
l) Du kan njuta av Chupe de Pescado/Fish Chowder på egen hand eller servera den med knaprigt bröd eller ris.

72.Arroz con Mariscos/skaldjursris

INGREDIENSER:
- 2 dl långkornigt vitt ris
- 1 pund blandad skaldjur (som räkor, bläckfisk, musslor och pilgrimsmusslor), rengjorda och deveirade
- 2 msk. vegetabilisk olja
- 1 lök, finhackad
- 4 vitlöksklyftor, hackade
- 1 röd paprika, tärnad
- 1 kopp tärnade tomater (färska eller konserverade)
- 1 msk. tomatpuré
- 1 dl fisk- eller skaldjursbuljong
- 1 kopp vitt vin (valfritt)
- 1 tsk. mald kummin
- 1 tsk. paprika
- 1/2 tsk. torkad oregano
- 1/4 tsk. cayennepeppar (valfritt, för värme)
- 1/4 kopp hackad färsk koriander
- 1/4 kopp hackad färsk persilja
- Saft av 1 lime
- Salt att smaka
- Peppar, efter smak

INSTRUKTIONER:

a) Skölj riset under kallt vatten tills vattnet blir klart.
b) Koka riset enligt anvisningarna på förpackningen och ställ åt sidan.
c) Värm vegetabilisk olja på medelvärme i en stor stekpanna eller paellapanna.
d) Tillsätt hackad lök, hackad vitlök och tärnad röd paprika.
e) Fräs tills grönsakerna är mjuka och doftande.
f) Tillsätt de blandade skaldjuren i stekpannan och koka tills de är delvis kokta, cirka 3-4 minuter.
g) Ta bort några bitar av skaldjur och ställ dem åt sidan för garnering senare, om så önskas.
h) Rör ner de tärnade tomaterna, tomatpurén, fisk- eller skaldjursbuljongen och vitt vin (om du använder det).
i) Låt blandningen sjuda och koka i cirka 5 minuter så att smakerna smälter samman.
j) Tillsätt mald spiskummin, paprika, torkad oregano och cayennepeppar (om du använder). Rör om för att kombinera.
k) Vänd ner det kokta riset och blanda det försiktigt med skaldjuren och såsen tills det är väl blandat.
l) Koka i ytterligare 5 minuter så att smakerna blandas.
m) Ta av stekpannan från värmen och rör ner hackad koriander, hackad persilja och limejuice.
n) Krydda med salt och peppar efter smak.
o) Garnera Arroz con Mariscos/Seafood Rice med de reserverade kokta skaldjuren och ytterligare färska örter, om så önskas.
p) Servera Arroz con Mariscos/Seafood Rice varmt, tillsammans med en sida av limeklyftor och ett stänk färsk koriander eller persilja.

73.Escabeche de Pescado/Inlagd fisk

INGREDIENSER:
- 1 ½ pund vit fiskfilé (som snapper, tilapia eller torsk)
- ½ kopp universalmjöl
- Salta och peppra efter smak
- Vegetabilisk olja för stekning
- 1 rödlök, tunt skivad
- 2 morötter, finhackade
- 1 röd paprika, tunt skivad
- 4 vitlöksklyftor, hackade
- 1 kopp vit vinäger
- 1 kopp vatten
- 2 lagerblad
- 1 tsk. av torkad oregano
- 1 tsk. av malen spiskummin
- ½ tsk. av paprika
- Salta och peppra efter smak
- Färsk koriander eller persilja till garnering

INSTRUKTIONER:

a) Krydda fiskfiléerna med salt och peppar. Muddra dem i mjöl, skaka av eventuellt överskott.
b) Värm vegetabilisk olja i en stor stekpanna på medelhög värme. Stek fiskfiléerna gyllenbruna på båda sidor. Ta bort från stekpannan och ställ åt sidan på en plåt med hushållspapper för att rinna av överflödig olja.
c) I samma stekpanna, fräs den skivade rödlöken, de rivna morötterna, skivad röd paprika och hackad vitlök tills de börjar mjukna, cirka 5 minuter.
d) I en separat kastrull, kombinera vit vinäger, vatten, lagerblad, torkad oregano, mald spiskummin, paprika, salt och peppar. Låt blandringen koka upp.
e) Tillsätt de sauterade grönsakerna i den kokande vinägerblandningen. Sänk värmen och låt sjuda i cirka 10 minuter så att smakerna smälter samman.
f) Lägg de stekta fiskfiléerna i en grund form. Häll vinäger- och grönsaksblandningen över fisken och täck dem helt. Låt rätten svalna till rumstemperatur.
g) Täck skålen och ställ i kylen i minst 2 timmar eller över natten så att fisken drar åt sig smakerna.
h) Servera Escabeche de Pescado/inlagd fisk kyld, garnerad med färsk koriander eller persilja.
i) Du kan njuta av fisken och grönsakerna med marinaden som tillbehör eller servera den med ris eller bröd.

CHOWDERS

74. Chupe de Ollucos/Olluco Potatis Chowder

INGREDIENSER:
- 2 msk. vegetabilisk olja
- 1 lök, finhackad
- 2 vitlöksklyftor, hackade
- 1 tsk. mald kummin
- 1 tsk. torkad oregano
- 4 dl grönsaks- eller kycklingbuljong
- 4 medelstora ollucos, skalade och tärnade
- 2 medelstora potatisar, skalade och tärnade
- 1 kopp indunstad mjölk
- 1 kopp queso fresco eller fetaost, smulad
- Salta och peppra efter smak
- Färsk koriander, hackad (för garnering)

INSTRUKTIONER:
a) Värm vegetabilisk olja på medelvärme i en stor gryta.
b) Tillsätt den hackade löken och hackad vitlök och fräs tills löken är mjuk och genomskinlig.
c) Rör ner malen spiskummin och torkad oregano och koka ytterligare en minut för att rosta kryddorna.
d) Tillsätt grönsaks- eller kycklingbuljongen i grytan och låt koka upp.
e) Lägg de tärnade ollucosna och potatisen i grytan. Sänk värmen till en sjud och koka tills grönsakerna är mjuka, ca 15-20 minuter.
f) Använd en potatisstöt eller baksidan av en sked och mosa försiktigt lite av potatisen mot sidan av grytan för att tjockna soppan.
g) Rör ner den indunstade mjölken och smulad queso fresco eller fetaost. Fortsätt att sjuda i ytterligare 5 minuter, rör om då och då, tills osten har smält och soppan har tjocknat något.
h) Krydda med salt och peppar efter smak.
i) Ta kastrullen från värmen och låt den svalna något innan servering.
j) Häll Chupe de Ollucos/Olluco Potato Chowder i skålar och garnera med färsk koriander.
k) Servera soppan varm och njut av de tröstande smakerna av Chupe de Ollucos/Olluco Potato Chowder.

75.Chupe de Camote/sötpotatischowder

INGREDIENSER:
- 2 msk. vegetabilisk olja
- 1 lök, finhackad
- 2 vitlöksklyftor, hackade
- 2 tsk. mald kummin
- 1 tsk. torkad oregano
- 4 dl grönsaks- eller kycklingbuljong
- 2 stora sötpotatisar, skalade och tärnade
- 1 kopp majskärnor (färska eller frysta)
- 1 kopp indunstad mjölk
- 1 kopp queso fresco eller fetaost, smulad
- Salta och peppra efter smak
- Färsk koriander, hackad (för garnering)

INSTRUKTIONER:

a) Värm vegetabilisk olja i en stor kastrull på medelvärme.

b) Tillsätt den hackade löken och hackad vitlök och fräs tills löken är mjuk och genomskinlig.

c) Rör ner malen spiskummin och torkad oregano och koka ytterligare en minut för att rosta kryddorna.

d) Tillsätt grönsaks- eller kycklingbuljongen i grytan och låt koka upp.

e) Tillsätt den tärnade sötpotatisen och majskärnorna i grytan. Sänk värmen till en sjud och koka tills sötpotatisen är mjuk, ca 15-20 minuter.

f) Använd en potatisstöt eller baksidan av en sked, mosa försiktigt lite av sötpotatisen mot sidan av grytan för att tjockna soppan.

g) Rör ner den indunstade mjölken och smulad queso fresco eller fetaost. Fortsätt att sjuda i ytterligare 5 minuter, rör om då och då, tills osten har smält och soppan har tjocknat något.

h) Krydda med salt och peppar efter smak.

i) Ta kastrullen från värmen och låt den svalna något innan servering.

j) Häll Chupe de Camote/sötpotatischowder i skålar och garnera med färsk koriander.

k) Servera soppan varm och njut av de tröstande smakerna av Chupe de Camote/Sweet Potato Chowder.

76.Kyckling och koriandersoppa (Aguadito de Pollo)

INGREDIENSER:
- 4 kycklinglår eller motsvarande mängd tärnad rå kyckling Salt och peppar
- ¼ kopp vegetabilisk olja
- ½ kopp lök, finhackad
- 2 vitlöksklyftor, mosade
- 2 färska aji amarillo, hackad eller 3 matskedar pasta (se anmärkning)
- 2 dl korianderblad (kasta stjälkarna)
- 4 dl kycklingfond
- 1 kopp mörk öl (valfritt)
- ½ röd paprika skuren i skivor
- 1 kopp morot, tärnad
- ½ kopp långkornigt ris
- 4 medelstora gula potatisar, skalade och tärnade ½ kopp gröna ärtor

INSTRUKTIONER:
a) Krydda kycklingen med salt och peppar. Värm vegetabilisk olja i en kastrull på medelvärme, tillsätt kycklingbitarna och stek dem. Lägg över kycklingbitarna på en tallrik och håll varma. Fräs lök och vitlök i samma kastrull tills de är gyllene.
b) Bearbeta korianderblad och färsk aji amarillo med ¼ kopp vatten i en mixer tills den är slät; lägg till lökblandningen, tillsammans med kycklingfonden, öl, om du använder, kyckling, potatis och morötter. Koka upp, sänk värmen till låg, täck med lock och låt sjuda i 20 minuter.
c) Tillsätt ris, täck grytan och låt sjuda tills riset är klart. Tillsätt ärter under de sista minuterna av koktiden.
d) Garnera med klyftor av röd paprika.

77. Chupe de Lentejas/Lentil Chowder

INGREDIENSER:
- 2 koppar torkade bruna eller gröna linser
- 1 lök, finhackad
- 3 vitlöksklyftor, hackade
- 1 morot, tärnad
- 1 potatis, tärnad
- 1 kopp frysta majskärnor
- 1 kopp tärnade tomater (färska eller konserverade)
- 4 koppar grönsaksbuljong eller vatten
- 1 kopp mjölk eller evaporerad mjölk
- 1 tsk. av malen spiskummin
- 1 tsk. av torkad oregano
- 1 lagerblad
- Salta och peppra efter smak
- Hackad färsk persilja eller koriander till garnering
- Limeklyftor till servering

INSTRUKTIONER:
a) Skölj linserna under kallt vatten och ta bort eventuella skräp eller stenar.
b) Värm lite vegetabilisk olja på medelvärme i en stor gryta.
c) Tillsätt den hackade löken och den hackade vitlöken i grytan och fräs tills löken blir genomskinlig och vitlöken doftar.
d) Tillsätt de tärnade moroterna, potatisen och de frysta majskärnorna i grytan.
e) Koka i några minuter för att mjuka upp grönsakerna.
f) Rör ner de tärnade tomaterna, malen spiskummin, torkad oregano och lagerblad.
g) Koka ytterligare en minut för att kombinera smakerna.
h) Tillsätt de sköljda linserna i grytan och häll i grönsaksbuljongen eller vattnet.
i) Krydda med salt och peppar efter smak.
j) Koka upp blandningen, sänk sedan värmen till låg och låt puttra i cirka 30-40 minuter eller tills linserna är mjuka och genomkokta. Rör om då och då.
k) När linserna är kokta, rör ner mjölken eller evaporerad mjölk.
l) Justera konsistensen genom att tillsätta mer vätska om så önskas.
m) Sjud Chupe de Lentejas/Lentil Chowder i ytterligare 5-10 minuter för att värma igenom och låta smakerna smälta samman.
n) Ta av grytan från värmen och släng lagerbladet.
o) Servera Chupe de Lentejas/Lentil Chowder varm, garnerad med hackad färsk persilja eller koriander.
p) Servera med limeklyftor vid sidan om för att pressa över grytan.

78. Chupe de Quinua/Quinoa Chowder

INGREDIENSER:
- 1 dl quinoa, sköljd
- 2 msk. vegetabilisk olja
- 1 lök, hackad
- 2 vitlöksklyftor, hackade
- 1 morot, tärnad
- 1 potatis, tärnad
- 1 kopp majskärnor
- 1 kopp gröna ärtor
- 4 dl grönsaks- eller kycklingbuljong
- 1 kopp indunstad mjölk
- 1 tsk. mald kummin
- 1 tsk. torkad oregano
- Salta och peppra efter smak
- Färsk koriander, hackad (för garnering)

INSTRUKTIONER:
a) Värm vegetabilisk olja på medelvärme i en stor gryta.
b) Tillsätt den hackade löken och hackad vitlök och fräs tills löken blir genomskinlig.
c) Tillsätt den tärnade moroten, potatisen, majskärnorna och gröna ärtorna i grytan. Rör om och låt koka några minuter tills grönsakerna börjar mjukna.
d) Skölj quinoan noga under kallt vatten.
e) Tillsätt quinoa i grytan och blanda ihop med grönsakerna.
f) Häll i grönsaks- eller kycklingbuljongen och låt blandningen koka upp. Sänk värmen till låg, täck grytan och låt sjuda i cirka 15-20 minuter, eller tills quinoan och grönsakerna är mjuka.
g) Rör ner den förångade mjölken, malen spiskummin och torkad oregano.
h) Krydda med salt och peppar efter smak.
i) Sjud i ytterligare 5 minuter så att smakerna smälter samman. ¯a av från värmen och låt vila några minuter och servera sedan.

79. Chupe de Pallares Verdes/Green Bean Chowder

INGREDIENSER:
- 2 koppar gröna limabönor (pallares verdes), blötlagda över natten och avrunna
- 2 msk. vegetabilisk olja
- 1 lök, finhackad
- 2 vitlöksklyftor, hackade
- 1 tsk. mald kummin
- 1 tsk. torkad oregano
- 4 dl grönsaks- eller kycklingbuljong
- 2 medelstora potatisar, skalade och tärnade
- 1 kopp indunstad mjölk
- 1 kopp queso fresco eller fetaost, smulad
- Salta och peppra efter smak
- Färsk persilja, hackad (för garnering)

INSTRUKTIONER:

a) Tillsätt de blötlagda och avrunna gröna limabönorna i en stor gryta. Täck dem med vatten och låt koka upp. Sänk värmen och låt sjuda tills bönorna är mjuka, ca 30-40 minuter. Häll av och ställ åt sidan.

b) Värm vegetabilisk olja på medelvärme i samma gryta.

c) Tillsätt den hackade löken och hackad vitlök och fräs tills löken är mjuk och genomskinlig.

d) Rör ner malen spiskummin och torkad oregano och koka ytterligare en minut för att rosta kryddorna.

e) Tillsätt grönsaks- eller kycklingbuljongen i grytan och låt koka upp.

f) Tillsätt den tärnade potatisen och de kokta gröna limabönorna i grytan. Sänk värmen till en sjud och koka tills potatisen är mjuk, ca 15-20 minuter.

g) Använd en potatisstöt eller baksidan av en sked, mosa försiktigt lite av potatisen och bönorna mot sidan av grytan för att tjockna soppan.

h) Rör ner den indunstade mjölken och smulad queso fresco eller fetaost. Fortsätt att sjuda i ytterligare 5 minuter, rör om då och då, tills osten har smält och soppan har tjocknat något.

i) Krydda med salt och peppar efter smak.

j) Ta kastrullen från värmen och låt den svalna något innan servering.

k) Häll Chupe de Pallares Verdes/Green Bean Chowder i skålar och garnera med färsk persilja.

l) Servera soppan varm och njut av de tröstande smakerna av Chupe de Pallares Verdes/Green Bean Chowder.

80.Chupe de Papa/Potatischowder

INGREDIENSER:
- 6 medelstora potatisar, skalade och tärnade
- 1 lök, finhackad
- 2 vitlöksklyftor, hackade
- 2 msk. vegetabilisk olja
- 4 dl kyckling- eller grönsaksbuljong
- 1 dl mjölk
- 1 kopp indunstad mjölk
- 1 kopp frysta eller färska majskärnor
- 1 dl frysta eller färska ärtor
- 1 kopp queso fresco eller fetaost, smulad
- 2 ägg
- 2 msk. färsk koriander, hackad
- Salta och peppra efter smak

INSTRUKTIONER:
a) Värm vegetabilisk olja på medelvärme i en stor gryta.
b) Tillsätt hackad lök och hackad vitlök och fräs tills de är mjuka och doftande.
c) Tillsätt den tärnade potatisen i grytan och rör om så att den täcks med lök- och vitlöksblandningen.
d) Häll i kyckling- eller grönsaksbuljongen och låt blandningen koka upp. Sänk värmen till låg, täck grytan och låt puttra i cirka 15-20 minuter eller tills potatisen är mjuk.
e) Använd en gaffel eller potatisstöt och mosa lite av potatisen lätt i grytan för att tjockna soppan. Detta kommer att ge Chupe de Papa/Potatis Chowder en krämig konsistens.
f) Tillsätt mjölken, den indunstade mjölken, majskärnorna och ärterna i grytan. Rör om väl för att kombinera alla ingredienser.
g) Fortsätt att koka soppan på låg värme i ytterligare 10-15 minuter, låt smakerna blandas.
h) Vispa äggen i en separat skål. Tillsätt gradvis en slev av den varma soppan till de vispade äggen, vispa hela tiden för att temperera äggen och förhindra att de stelnar.
i) Häll långsamt tillbaka äggblandningen i grytan under konstant omrörning. Detta hjälper till att tjockna soppan och ge den en krämig konsistens.
j) Tillsätt den smulade queso fresco eller fetaosten i grytan och rör om tills den smälter in i soppan.
k) Smaksätt Chupe de Papa/Potatis Chowder med salt och peppar efter smak. Justera kryddningen efter dina önskemål.
l) Strö till sist den färska koriandern över soppan och rör om försiktigt.
m) Servera Chupe de Papa/Potatischowder varm i skålar, garnerad med ytterligare koriander om så önskas.

EFTERRÄTT

81.Humitas/ångade majskakor

INGREDIENSER:
- 6 färska majsax
- 1 lök, finhackad
- 2 msk. vegetabilisk olja
- 1 msk. ají amarillo-pasta (valfritt, för en kryddig kick)
- 1 tsk. mald kummin
- 1 tsk. paprika
- Salta och peppra efter smak
- Majsskal, blötlagda i vatten i minst 1 timme

INSTRUKTIONER:
a) Börja med att ta bort skalen från majsöronen och lägg dem åt sidan. Dra försiktigt bort majskärnorna från kolvarna, se till att samla upp all majsmjölk också.
b) Mixa majskärnorna och majsmjölken i en mixer eller matberedare tills du har en slät blandning. Avsätta.
c) Värm vegetabilisk olja på medelvärme i en panna.
d) Tillsätt den hackade löken och fräs tills den blir genomskinlig och doftande.
e) Tillsätt ají amarillo-pastan (om du använder), mald spiskummin, paprika, salt och peppar i pannan. Rör om väl för att kombinera och koka ytterligare en minut.
f) Häll den blandade majsblandningen i pannan med den kryddade löken. Rör hela tiden för att förhindra att klumpar bildas och koka cirka 10 minuter tills blandningen tjocknar.
g) Ta kastrullen från värmen och låt blandningen svalna något.
h) Ta ett blött majsskal och lägg ca 2 msk. av majsblandningen i mitten. Vik skalet över fyllningen, skapa ett rektangulärt paket. Bind ändarna av skalet med en tunn remsa av blött skal eller köksgarn för att säkra humitan.
i) Upprepa processen med den återstående majsblandningen och skalen tills all blandning är förbrukad.
j) Fyll en stor gryta med vatten och låt koka upp. Placera en ångkorg eller ett durkslag över grytan och se till att den inte rör vid vattnet.
k) Ordna de inslagna Humitas/Steamed Corn Cakes i ångkokkorgen, täck grytan med ett lock och ånga i cirka 45 minuter till 1 timme, eller tills Humitas/Steamed Corn Cakes är fasta och genomstekta.
l) Ta bort Humitas/Steamed Corn Cakes från ångkokaren och låt dem svalna något innan de packas upp och serveras.

82.Arroz con Leche/Rispudding

INGREDIENSER:
- 1 kopp vitt ris
- 4 koppar mjölk
- 1 kopp vatten
- 1 kanelstång
- 1 kopp socker (justera efter smak)
- 1 tsk. av vaniljextrakt
- Skal av 1 citron (valfritt)
- Mald kanel till garnering

INSTRUKTIONER:
a) Skölj riset under kallt vatten för att ta bort eventuell överflödig stärkelse.
b) I en stor gryta, kombinera det sköljda riset, mjölken, vattnet och kanelstången.
c) Ställ grytan på medelhög värme och låt blandningen koka upp.
d) Sänk värmen till låg och låt sjuda, rör om då och då för att förhindra att det fastnar, i cirka 20 minuter eller tills riset är kokt och mört.
e) Tillsätt sockret och rör om tills det löst sig helt.
f) Fortsätt att koka rispuddingen på låg värme, rör om ofta, i ytterligare 10-15 minuter eller tills blandningen tjocknar till en krämig konsistens.
g) Ta av grytan från värmen och rör ner vaniljextrakt och citronskal (om du använder). Låt Arroz con Leche/Rispuddingen svalna i några minuter.
h) Ta bort kanelstången från grytan.
i) Överför Arroz con Leche/Rispuddingen till individuella serveringsfat eller en stor serveringsskål.
j) Strö mald kanel ovanpå för garnering.
k) Servera Arroz con Leche/Rispuddingen varm eller kyld. Den kan avnjutas på egen hand eller med ett stänk av ytterligare kanel på toppen.

83. Mazamorra Morada/Purple Corn Pudding

INGREDIENSER:
- 2 koppar lila majskärnor (torkade)
- 8 dl vatten
- 1 kanelstång
- 4 kryddnejlika
- 1 kopp tärnad ananas
- 1 kopp tärnat äpple
- 1 kopp tärnat päron
- 1 kopp tärnad kvitten (valfritt)
- 1/2 kopp torkade katrinplommon
- 1/2 kopp torkade aprikoser
- 1 kopp socker
- 1/4 kopp majsstärkelse
- Saft av 1 lime
- Mald kanel till garnering

INSTRUKTIONER:

a) Kombinera de lila majskärnorna, vattnet, kanelstången och kryddnejlika i en stor gryta.

b) Koka upp blandningen, sänk sedan värmen och låt sjuda i cirka 45 minuter till 1 timme.

c) Detta kommer att extrahera smaken och färgen från den lila majsen.

d) Sila av vätskan i en annan gryta, släng majskärnorna, kanelstången och kryddnejlika. Återställ grytan till värmen.

e) Tillsätt tärnad ananas, äpple, päron, kvitten (om du använder), torkade katrinplommon och torkade aprikoser i grytan. Sjud i cirka 15 minuter, eller tills frukterna är mjuka.

f) Blanda socker och majsstärkelse i en liten skål.

g) Tillsätt denna blandning i grytan och rör om väl för att kombinera.

h) Koka i ytterligare 5-10 minuter, under konstant omrörning, tills blandningen tjocknar.

i) Ta grytan från värmen och rör ner limesaften.

j) Låt Mazamorra Morada/Purple Corn Pudding svalna till rumstemperatur och ställ sedan i kylen i minst 2 timmar, eller tills den är kall och stelnad.

k) För att servera, häll Mazamorra Morada/Purple Corn Pudding i individuella skålar eller glas.

l) Strö mald kanel ovanpå för garnering.

m) Njut av Mazamorra Morada/Purple Corn Pudding kyld som en uppfriskande och söt dessert.

84. Mazamorra de Quinua/Quinoa Pudding

INGREDIENSER:
- 1 kopp quinoa
- 4 koppar vatten
- 4 koppar mjölk
- 1 kanelstång
- 1 tsk. av vaniljextrakt
- 1/2 kopp socker (justera efter smak)
- 1/4 tsk. av mald kryddnejlika
- 1/4 tsk. av mald muskotnöt
- Russin och/eller hackade nötter till garnering (valfritt)

INSTRUKTIONER:
a) Skölj quinoan noga under kallt vatten för att ta bort eventuell bitterhet.
b) Kombinera quinoan och vattnet i en stor gryta. Koka upp på medelhög värme, sänk sedan värmen till låg och låt det puttra i cirka 15 minuter eller tills quinoan är mjuk. Töm eventuellt överflödigt vatten.
c) Lägg tillbaka den kokta quinoan i grytan och tillsätt mjölk, kanelstång, vaniljextrakt, socker, mald kryddnejlika och mald muskotnöt.
d) Rör om blandningen väl och låt den sjuda försiktigt på medelvärme.
e) Koka i cirka 20-25 minuter, rör om då och då, tills blandningen tjocknar till en puddingliknande konsistens.
f) Ta av grytan från värmen och släng kanelstången.
g) Låt Mazamorra de Quinua/Quinoa Pudding svalna i några minuter innan servering.
h) Servera Mazamorra de Quinua/Quinoa Pudding varm eller kyld i skålar eller dessertmuggar.
i) Garnera varje portion med russin och/eller hackade nötter, om så önskas.

85. Frejol Colado/Bean Pudding

INGREDIENSER:
- 2 koppar kokta peruanska kanariebönor eller pintobönor
- 1 lök, hackad
- 2 vitlöksklyftor, hackade
- 2 msk. av vegetabilisk olja
- 1 tsk. av malen spiskummin
- 1 tsk. av torkad oregano
- 1 kopp kyckling- eller grönsaksbuljong
- Salta och peppra efter smak
- Valfria pålägg: hackad koriander, smulad queso fresco, skivad rödlök eller stekt fläskskal (chicharrones)

INSTRUKTIONER:
a) Värm vegetabilisk olja på medelvärme i en stor gryta.
b) Tillsätt den hackade löken och den hackade vitlöken och fräs tills löken blir genomskinlig och vitlöken doftar.
c) Tillsätt mald spiskummin och torkad oregano i grytan och koka i en minut för att rosta kryddorna.
d) Tillsätt de kokta bönorna i grytan och rör om så att de kombineras med lök- och kryddblandningen.
e) Häll i kyckling- eller grönsaksbuljongen och smaka av med salt och peppar.
f) Låt blandningen sjuda och låt koka i cirka 10 minuter så att smakerna smälter samman.
g) Använd en stavmixer eller en vanlig mixer och puré bönblandningen tills den är slät och krämig. Om du använder en vanlig mixer, blanda blandningen i omgångar och var försiktig med den heta vätskan.
h) Om konsistensen är för tjock kan du tillsätta mer buljong eller vatten för att uppnå önskad tjocklek.
i) Sätt tillbaka grytan på spisen på låg värme och fortsätt att koka Frejol Colado/Bean Pudding i ytterligare 5 minuter, rör om då och då.
j) Smaka av och justera kryddningen om det behövs.
k) Ta bort från värmen och servera Frejol Colado/Bean Pudding varm.
l) Garnera varje servering med hackad koriander, smulad queso fresco, skivad rödlök eller stekt fläskskal, om så önskas.

86.Smörgåsar med kolakakor (Alfajores)

INGREDIENSER:
- 1 kopp majsstärkelse
- 1 ¼ koppar mjöl
- ¾ kopp strösocker ½ tsk. bakpulver 1/8 tsk. havssalt
- 2 st smör, skär i tärningar
- 1 13 oz. kan sötad kondenserad mjölk, eller köpt dulce de leche

INSTRUKTIONER:
FÖR DULCE DE LECHE
a) Ta bort etiketten från en burk sötad kondenserad mjölk och lägg i en djup kastrull. Lägg burken på sidan och täck med vatten med två tum.
b) Koka upp, täckt och fortsätt att koka i två till tre timmar. Den längre tidsperioden ger dig en mörkare karamell. Se till att kolla då och då för att se om burken fortfarande är täckt med vatten, tillsätt mer vid behov.
c) Ta ur grytan och låt svalna. Detta kan göras i förväg. Den kommer att förvaras i kylen på obestämd tid. Låt bli rumstemperatur innan du använder dem för att breda ut dem mellan kakorna.

FÖR KAKARNA
d) Värm ugnen till 350 grader.
e) Lägg alla torra ingredienser i en matberedare och mixa några gånger för att blandas väl. Tillsätt det tärnade smöret och pulsa tills det börjar gå ihop till en boll. Blanda inte för mycket – det ska se raggigt ut – så trycker du ihop resten av degen på en bänk.
f) Platta till en skiva, linda in i plast och ställ i kylen i 30 minuter för att stelna lite.
g) Kavla ut degen ca ¼" tjock och skär ut med en liten rund kakform. Skäraren jag använde var ca 2" bred, men ett glas fungerar bra. Lägg rundlarna på en bakplåtspapersklädd plåt och grädda i 1012 minuter, bara tills botten är lätt brun och toppen fortfarande är vit. Kyl helt.
h) Sätt ihop kaksmörgåsarna genom att fördela 12 teskedar dulce de leche på ena kakhalvan och toppa med den andra.
i) Pudra över strösocker och sluka!

87. Tres Leches tårta (Pastel de Tres Leches)

INGREDIENSER:
TILL TÅRAN:
- 1 kopp universalmjöl
- 1 1/2 tsk bakpulver
- 1/4 tsk salt
- 4 stora ägg
- 1 kopp strösocker
- 1/3 kopp helmjölk
- 1 tsk vaniljextrakt

FÖR DEN TRE MJÖLKBLANDNINGEN:
- 1 burk (14 ounces) sötad kondenserad mjölk
- 1 burk (12 uns) indunstad mjölk
- 1 dl helmjölk

FÖR TOPPEN:
- 2 koppar tung grädde
- 2 matskedar strösocker
- Mald kanel till garnering

INSTRUKTIONER:
a) Värm ugnen till 350°F (175°C) och smörj en 9x13-tums ugnsform.
b) I en skål, sikta ihop mjöl, bakpulver och salt.
c) Vispa ihop ägg och socker i en separat skål tills det blir ljust och fluffigt. Tillsätt mjölken och vaniljextraktet och blanda väl.
d) Tillsätt gradvis de torra ingredienserna till äggblandningen och blanda till en slät smet.
e) Häll smeten i den förberedda ugnsformen och grädda i cirka 30 minuter, eller tills en tandpetare som sticks in i mitten kommer ut ren.
f) Medan kakan fortfarande är varm sticker du igenom den med en gaffel.
g) I en separat skål, blanda ihop de tre mjölkarna (sötad kondenserad mjölk, indunstad mjölk och helmjölk).
h) Häll de tre mjölkblandningarna jämnt över den varma kakan. Låt det dra och svalna till rumstemperatur.
i) I en annan skål, vispa grädden med strösocker tills det bildas styva toppar.
j) Bred ut den vispade grädden över toppen av kakan.
k) Kyl Tres Leches-kakan i kylen några timmar innan servering.
l) Strö över malen kanel precis innan servering.

88.Suspiro a la Limeña (peruansk karamell- och marängdessert)

INGREDIENSER:
FÖR KARAMELLEN:
- 1 kopp strösocker
- 1/4 kopp vatten

FÖR MARENGS:
- 4 äggvitor
- 1 kopp strösocker
- 1 tsk vaniljextrakt

FÖR KJÄLLETT:
- 1 burk (14 ounces) sötad kondenserad mjölk
- 4 äggulor
- 1 tsk vaniljextrakt

INSTRUKTIONER:
a) I en kastrull, kombinera sockret och vattnet till karamellen. Koka på medelvärme, rör om då och då, tills den får en gyllene karamellfärg. Häll kolan i botten på serveringsfat eller en stor glasskål.
b) Vispa äggvitorna i en bunke tills det bildas styva toppar. Tillsätt gradvis sockret och vaniljextraktet, fortsätt att vispa tills det blir glansigt.
c) I en separat skål, blanda den sötade kondenserade mjölken, äggulorna och vaniljextraktet tills det är väl kombinerat.
d) Vänd försiktigt ner äggviteblandningen i vaniljsåsblandningen.
e) Häll vaniljsåsblandningen över kolan i serveringsfaten.
f) Ställ i kylen några timmar innan servering. Karamellen kommer att stiga till toppen, vilket skapar en härlig tvålagersdessert.

89. Mazamorra Morada / Purple Corn Pudding

INGREDIENSER:
- 2 dl lila majsjuice (mazamorra morada koncentrat)
- 1 kopp torkade lila majskärnor
- 1 kanelstång
- 4 kryddnejlika
- 1 kopp socker
- 1/2 kopp potatisstärkelse
- Ananasbitar och katrinplommon till garnering

INSTRUKTIONER:
a) I en stor gryta, kombinera lila majsjuice, torkade lila majskärnor, kanelstång och kryddnejlika. Koka upp och låt sedan sjuda i cirka 20 minuter.
b) Blanda potatisstärkelsen med lite vatten i en separat skål för att skapa en slurry.
c) Tillsätt socker och potatisstärkelseuppslamning i grytan, rör hela tiden. Fortsätt koka tills blandningen tjocknar.
d) Ta bort från värmen och låt den svalna.
e) Garnera med ananasbitar och katrinplommon före servering.

90.Picarones (peruanska pumpamunkar med sirap)

INGREDIENSER:
FÖR PICARONES:
- 2 koppar universalmjöl
- 1 kopp mosad pumpa (kokt och mosad)
- 1/4 kopp sötpotatispuré
- 1 tsk aktiv torrjäst
- 1 tsk anisfrön
- 1/4 tsk salt
- Vegetabilisk olja för stekning

FÖR SIRAPEN:
- 1 kopp mörkt farinsocker
- 1/2 kopp vatten
- 2 kanelstänger
- 2 kryddnejlika

INSTRUKTIONER:
a) I en skål, kombinera mjöl, mosad pumpa, sötpotatispuré, aktiv torrjäst, anisfrön och salt. Blanda tills en kladdig deg bildas.
b) Täck bunken och låt degen jäsa i ca 1 timme, tills den fördubblats i storlek.
c) Värm vegetabilisk olja för stekning i en stor gryta.
d) Blöt händerna och forma små delar av degen till ringar eller åtta figurer.
e) Släpp försiktigt ner pikaronerna i den heta oljan och stek tills de är gyllenbruna på båda sidor.
f) I en separat kastrull, kombinera mörkt brunt socker, vatten, kanelstänger och kryddnejlika. Sjud på låg värme för att skapa en sirap.
g) Doppa de stekta pikaronerna i sirapen och servera dem varma.

91. Alfajores de Maicena (peruansk majsstärkelse Alfajores)

INGREDIENSER:

För kakorna:
- 2 dl majsstärkelse
- 1 1/4 koppar universalmjöl
- 1/2 kopp osaltat smör, mjukat
- 1/2 kopp strösocker
- 3 äggulor
- 1 tsk bakpulver
- 1/2 tsk vaniljextrakt
- Skal av 1 citron

För fyllningen:
- 1 kopp dulce de leche (karamelliserad mjölk)
- Pulversocker för att pudra

INSTRUKTIONER:

a) Värm ugnen till 350°F (175°C).
b) I en skål, grädda ihop det mjuka smöret och strösockret tills det är fluffigt.
c) Tillsätt äggulorna, en i taget, och blanda väl efter varje tillsats.
d) Rör ner vaniljextraktet och citronskalet.
e) Sikta i majsstärkelse, universalmjöl och bakpulver. Blanda tills du har en mjuk deg.
f) Kavla ut degen på en mjölad yta till ca 1/4-tums tjocklek.
g) Skär ut små rundlar med hjälp av en kakform.
h) Lägg rundlarna på en bakplåtspapperklädd plåt och grädda i ca 10-12 minuter, eller tills de är lätt gyllene.
i) Låt kakorna svalna helt.
j) Bred ett lager dulce de leche på botten av en kaka och toppa med en annan för att göra en smörgås.
k) Pudra alfajores med strösocker innan servering.

92. Helado de Lucuma (Lucuma glass)

INGREDIENSER:
- 2 koppar lucuma massa (fryst eller konserverad)
- 2 koppar tung grädde
- 1 kopp sötad kondenserad mjölk
- 1 tsk vaniljextrakt

INSTRUKTIONER:
a) I en mixer, kombinera lucuma fruktkött, tung grädde, sötad kondenserad mjölk och vaniljextrakt.
b) Mixa tills blandningen är slät och väl kombinerad.
c) Häll blandningen i en glassmaskin och kärna enligt tillverkarens instruktioner.
d) Överför glassen till en lufttät behållare och frys tills den stelnar.
e) Servera lucuma-glassen i skopor och njut av denna söta och krämiga peruanska goding.

DRYCK

93.Chicha de Jora/fermenterad majsöl

INGREDIENSER:

- 2 pund jora majs (lila majs)
- 1 pund ananas, hackad
- 1 kanelstång
- 4 kryddnejlika
- 1 msk. av torkade huacatay-blad (valfritt)
- 2 liter vatten
- 1 kopp socker (justera efter smak)
- Saften av 2 limefrukter

INSTRUKTIONER:

a) Skölj jora-majsen under kallt vatten för att ta bort smuts eller skräp.
b) Lägg joramajsen i en stor gryta och tillsätt tillräckligt med vatten för att täcka den. Låt den dra över natten eller i minst 8 timmar för att mjukna.
c) Häll av den blötlagda joramajsen och häll bort blötläggningsvattnet.
d) Lägg i blötlagd joramajs, hackad ananas, kanelstång, kryddnejlika och torkade huacatay-blad (om du använder den) i en stor gryta.
e) Häll 2 liter vatten i grytan och se till att alla ingredienser är nedsänkta.
f) Koka upp blandningen på medelvärme.
g) Sänk värmen till låg och låt det puttra i ca 2 timmar, rör om då och då. Under denna tid kommer majsen att frigöra sina naturliga sockerarter och smaker.
h) Efter 2 timmar, ta bort grytan från värmen och låt den svalna till rumstemperatur.
i) Sila vätskan genom en finmaskig sil eller ostduk och kassera de fasta ämnena (majs, ananas, kryddor).
j) Häll tillbaka den silade vätskan i grytan och tillsätt socker efter smak. Rör om tills sockret är upplöst.
k) Pressa saften av 2 limefrukter i grytan och rör om för att blandas.
l) Överför Chicha de Jora/fermenterad majsöl till en kanna eller individuella serveringsglas.
m) Kyl Chicha de Jora/fermenterad majsöl tills den är kyld eller servera den över is.
n) Rör om Chicha de Jora/Fermented Corn Beer innan servering, eftersom det kan sedimentera och separera med tiden.
o) Eventuellt kan du garnera varje glas med ett stänk mald kanel eller en ananasskiva.

94. Chicha Morada/lila majsdrink

INGREDIENSER:
- 2 stora lila majskolvar
- 8 dl vatten
- 1 ananas, skalad och skuren i bitar
- 2 äpplen, skalade, urkärnade och tärnade
- 1 kanelstång
- 4 kryddnejlika
- 1 dl socker (anpassa efter smak)
- Saften av 2 limefrukter
- Isbitar (för servering)
- Färska myntablad (för garnering)

INSTRUKTIONER:
a) Kombinera de lila majskolvarna och vattnet i en stor gryta. Koka upp på medelvärme.
b) Sänk värmen till låg och låt sjuda i cirka 30 minuter för att extrahera smaker och färg från majsen.
c) Ta bort de lila majskolvarna från grytan och kassera dem. Ställ den lila vätskan åt sidan.
d) Tillsätt ananasbitarna, tärnade äpplen, kanelstång och kryddnejlika i en separat gryta.
e) Häll den reserverade lila vätskan i grytan med frukterna och kryddorna.
f) Koka upp blandningen, sänk sedan värmen och låt sjuda i cirka 20 minuter, låt frukterna och kryddorna ingjuta sina smaker i vätskan.
g) Ta bort grytan från värmen och sila av vätskan för att ta bort de fasta partiklarna. Släng frukterna och kryddorna.
h) Rör ner sockret och limejuicen, anpassa sötman och syran efter din smak.
i) Låt Chicha Morada/Purple Corn Drink svalna till rumstemperatur och kyl sedan i minst 2 timmar för att kyla.
j) Servera Chicha Morada/Purple Corn Drink över isbitar i glas och garnera med färska myntablad.

95.Inca Kola (peruansk gul läsk)

INGREDIENSER:

- 4 koppar vatten
- 2 koppar strösocker
- 1 msk citronverbena extrakt
- 1 msk citronextrakt
- 1 msk apelsinextrakt
- 1 msk mandarinextrakt
- 1 msk kanelextrakt
- Gul matfärg (valfritt)

INSTRUKTIONER:

a) Blanda vattnet och sockret i en kastrull. Värm på medelvärme, rör om tills sockret är helt upplöst.
b) Ta bort från värmen och låt sirapen svalna till rumstemperatur.
c) Tillsätt citronverbena-extraktet, citronextraktet, apelsinextraktet, mandarinextraktet och kanelextraktet till sirapen. Om så önskas, lägg till gul matfärg för att uppnå den klargula signaturen.
d) Blanda väl och överför Inca Kola-sirapen till en flaska eller behållare.
e) För att servera, blanda sirapen med kolsyrat vatten i förhållandet 3:1 (kolsyrat vatten till sirap), eller justera förhållandet efter din smak.
f) Tillsätt is och njut av den söta och fruktiga smaken av Inca Kola.

96.Maracuyá Sour (passionsfruktsur)

INGREDIENSER:

- 2 oz Pisco (peruansk druvbrandy)
- 1 oz passionsfruktpuré
- 1 oz färsk limejuice
- 3/4 oz enkel sirap
- Is
- Färska passionsfruktsfrön för garnering (valfritt)

INSTRUKTIONER:

a) I en shaker, kombinera Pisco, passionsfruktpuré, färsk limejuice och enkel sirap.
b) Tillsätt is i shakern och skaka kraftigt i cirka 15 sekunder.
c) Sila av blandningen i ett kylt gammaldags glas eller cocktailglas.
d) Garnera med färska passionsfruktsfrön om så önskas.
e) Servera Maracuyá Sour och njut av de tropiska smakerna.

97.Coca Tea (Mate de Coca)

INGREDIENSER:

- 1-2 tepåsar koka eller 1-2 teskedar torkade kokablad
- 1 kopp varmt vatten
- Honung eller socker (valfritt)

INSTRUKTIONER:

a) Lägg koka-tepåsen eller de torkade kokabladen i en kopp.
b) Häll varmt vatten över coca-tepåsen eller -bladen.
c) Låt den dra i 5-10 minuter, eller tills den når önskad styrka.
d) Söta med honung eller socker om så önskas.
e) Njut av coca-te, en traditionell peruansk örtinfusion känd för sin milda, jordnära smak.

98.Jugos Naturales (färska fruktjuicer)

INGREDIENSER:
- Diverse färsk frukt (t.ex. papaya, mango, ananas, apelsin, guanabana)
- Vatten eller mjölk (för krämiga versioner)
- Socker (valfritt)

INSTRUKTIONER:
a) Välj önskad kombination av färsk frukt och skär dem i bitar.
b) Lägg fruktbitarna i en mixer.
c) Tillsätt vatten eller mjölk för att uppnå önskad konsistens (vatten för en tunnare juice, mjölk för krämigare).
d) Mixa tills det är slätt.
e) Smaka av och tillsätt socker om det behövs för sötma.
f) Sila saften för att ta bort eventuell fruktkött, om så önskas.
g) Servera den färska fruktjuicen över is och njut av de naturliga, livfulla smakerna.

99.Pisco Punch

INGREDIENSER:
- 2 oz Pisco (peruansk druvbrandy)
- 1 oz ananasjuice
- 1/2 oz färsk limejuice
- 1/2 oz enkel sirap
- Is
- Färsk ananasskiva eller körsbär till garnering

INSTRUKTIONER:
a) I en shaker, kombinera Pisco, ananasjuice, färsk limejuice och enkel sirap.
b) Tillsätt is i shakern och skaka kraftigt i cirka 15 sekunder.
c) Sila av blandningen i ett kylt gammaldags glas eller cocktailglas.
d) Garnera med en färsk ananasskiva eller körsbär.
e) Servera Pisco Punch och njut av de tropiska smakerna.

100.Coctel de Camu Camu (Camu Camu Fruit Cocktail)

INGREDIENSER:
- 2 koppar färsk camu camu frukt (eller camu camu juice, om tillgänglig)
- 1/2 kopp pisco (peruansk druvbrandy)
- 2 matskedar honung
- 1 kopp is
- Färska camu camu bär för garnering (valfritt)

INSTRUKTIONER:
a) Kombinera den färska camu camu-frukten, pisco, honung och is i en mixer.
b) Mixa tills det är slätt.
c) Smaka av och justera sötman genom att tillsätta mer honung om så önskas.
d) Häll upp Coctel de Camu Camu i glas.
e) Garnera med färska camu camubär om det finns.
f) Servera camu camu-cocktailen och njut av den unika och syrliga smaken av denna frukt från Amazonas.

SLUTSATS

När vår peruanska street food-odyssé närmar sig sitt slut hoppas vi att du har njutit av detta läckra äventyr genom Perus gator. Med varje tugga har du rest djupare in i hjärtat av en kulinarisk kultur som är lika mångfaldig som smakrik.

Vi uppmuntrar dig att fortsätta utforska världen av peruansk gatumat, både i ditt eget kök och, om möjligt, på de livliga gatorna i Peru. Prova recepten, dela dem med vänner och familj och njut av minnena från din resa.

Kom ihåg att gatumatens värld inte bara handlar om mat; det handlar om att få kontakt med samhällen, omfamna olika traditioner och dela glädjen av läckra måltider. Vi hoppas att den här boken har inspirerat dig att leta efter de autentiska smakerna av peruansk gatumat och kanske ge dig ut på din egen kulinariska odyssé. Tack för att du följde med oss på detta smakrika äventyr, och må dina framtida måltider alltid fyllas med andan av Perus street food-kultur. Smaklig måltid!

www.ingramcontent.com/pod-product-compliance
Lightning Source LLC
Chambersburg PA
CBHW071320110526
44591CB00010B/959